JN074915

道がむすぶ
観光地域づくりの
教科書

ー高速道路等を活用した観光振興・地域活性化ー

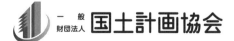

一　般
財団法人　国土計画協会

目 次

第 2 部

第 3 部

※本書に掲載されている内容は執筆当時のもので、その後に変更されている場合があります。

はじめに

　高速道路をはじめとする道路は、ヒト、モノ、情報の流れを促進し、地域の生活にゆとりと潤いをもたらし、産業の発展に貢献するとともに、地域づくりや地域活性化に大きな役割を果たしています。このような高速道路等の機能を活かし、地域においては、高速道路等を活用した観光振興や地域活性化の取組みの事例が見られます。国土計画協会においても、公益的団体等が主体となって実施するそのような取組みを募集・審査のうえで、毎年3件程度、支援を行ってきており、支援事業は2006年度から累計で49事例となっています。

　しかしながら、そのような高速道路等を活用した観光振興及び地域活性化の取組みに焦点をあてて紹介した書籍はあまりみられないところです。

　そこで本書は、高速道路等を活用した観光振興及び地域活性化に関する地域における取組みを一層促進するため、その意義や効果、取組内容をとりまとめ、今後、高速道路等を活用した観光振興等の取組みを行う主体のヒントや指針となるよう、作成したものです。加えて、本書で盛り込まれている内容は、観光地域づくりに取り組まれている主体にも広く役立つものと考えています。

　本書では以下のような特色を持たせています。

　第一に、3部構成として、①観光、交通、地域振興等の多方面の有識者や、取組実施団体による論述により、高速道路等を活用した観光振興等の取組みの意義・効果等を様々な角度から理解できるようにするとともに、②多様なタイプの取組事例を紹介することにより、高速道路等を活用した観光振興等の進め方などを学べるようにしています。

　第二に、事例の紹介においては、事業をはじめたきっかけ・背景、事

業への思い・ビジョン、事業構想の発想のポイント、事業の具体的展開内容、事業成果、課題克服の工夫などについて、実施団体等への取材による生のコメントなども交え、また、カラー写真を含めビジュアル的にもわかり易い工夫をして、詳しく紹介しています。加えて、本書では、観光地域づくりにおいて重要なポイントである、事業の継続に必要な自主財源など事業運営の財源確保の方策とともに、事業により地域に与えた効果の2点にも着目して紹介しています。

　次に、本書の内容を紹介します。

　まず、有識者による論述では、経済学の観点からの広域連携の意義や市民の役割（奥野）、先人の知恵等も交えた観光の本質論や観光地域づくりの知恵（進士）、道路整備の効果を観光振興など地域活性化に活かす重要性（杉山）、明知鉄道の事例を踏まえた「Highway&Rail」の提案（水尾）、高速道路利用促進・需要調整に関連して観光地域づくりが取り組むべき役割（清水）、燕三条の事例を踏まえたテーマ型観光の本質的目標（波潟）といった、本質論・具体論も含め、多角的観点から取組みにおいて考慮すべき内容が論じられています。

　加えて、取組実施団体による論述では、お茶ブランドの構築、人材育成を通じた地域振興の取組み〔茶カフェ開設、教育旅行誘致等〕（木村）、スローサイクリングをコンセプトとした地域課題解決のための取組み〔地域関係主体との協働、財源確保等〕（山本）について、体験談、ノウハウも含め、具体の事業の進め方において参考とすべき内容が論じられています。

　更に、道路事業者による観光・地域連携の取組みも紹介しています（NEXCO東日本）。

　次に取組事例としては、以下の事例を紹介しています。

① "茶源郷" を舞台に人材育成を通じて地域循環を目指す（京都府和束町）

② "道の途中" に価値を置く自転車旅行としてのブランディングにより地域活性化を進める（愛媛県今治市）

③地域や業種を超えた連携が新たな観光を拓いた「北海道ガーデン街道」（北海道帯広市、清水町、幕別町、中札内村、富良野市、旭川市、上川町）

④スマートインター設置を契機に「鯉料理」＆恋の聖地という新たな魅力を創造（佐賀県小城市）

⑤高速道路ネットワークを活用し湯涌・南砺を「物語の生まれる里」に（石川県金沢市、富山県南砺市）

⑥震災伝承施設をネットワーク化し観光資源に（福島県、宮城県、岩手県、青森県）

　加えて、国土計画協会が支援した取組事例の整理分析を行うとともに、上記6事例のポイントも解説しています。

　本書が、高速道路等を活用した観光振興及び地域活性化の取組みを行う主体のヒントや指針としてお役に立ち、高速道路等を活用した地域における個性ある観光振興及び地域活性化の取組みが一層促進されれば幸いです。

　　　　　　　　　　　　　　　　　　一般財団法人　国土計画協会

第1部

観光・広域連携・国土計画

奥野　信宏

はじめに

　観光は、人口減少・高齢化が急激に進む地方では地域を維持し活性化させる期待の施策であり、大都市圏では街を磨く手段である。個々人にとっては、観光と余暇はワーケーションの言葉にもみられるように、働きがいや労働の生産性とも関係している。

　一方、近年では観光を支える高速道路や新幹線、空路等の高速交通網がネットワークとして機能するようになった。そこから派生する2次交通への関心も、特に観光資源の発掘と事業化に力を入れている地域では高まっており、訪問客の受け入れについてNPOや民間団体、行政等の連携による広域的な観光地づくりへの取り組みが行われている。

　本稿は、国土計画において観光、とりわけ広域観光が謳われるようになった背景と、それを支えるNPO等の多様な主体の活動を探ることによって現在の状況を把握し、将来の広域観光のための足掛かりにすることを目的にしている。

交流連携のダイナミズムと道

　「交流連携が新たな価値を生む」は、長い歴史を持つ国土計画の一貫した理念である。それは、特に江戸時代に整備された街道沿いの宿場町や廻船の寄港地の繁栄を見れば理解できる。岐阜県高山市は現在では世界的な観光地になっている。飛騨の山深い地でなぜ高い文化が生まれ、富が蓄積され、人材が育まれたかについて専門家の意見を聞くと理由は一つではないようだが、高山地方がかつて大きな五つの街道の交差点になっ

ていたことがあげられる。山陰・北陸・東北等の日本海側の多くの港町は、江戸時代から北廻り回線の寄港地として栄え、それが現代にも継承されている。また江戸時代のお伊勢参りも、整備された東海道や各地の街道を活用した観光の典型である。

　観光に伴う人流・物流はビジネスと並んで交流連携のダイナミズムを担っている。歴代の国土計画に沿って交流連携の施策を概観すると、計画の重点は時代と共に大きく変遷しているが、それらは同時に観光の展開過程でもある。

　施策では人やモノが動くためのハードの整備が先行する。戦後の最初の本格的な国土計画は全国総合開発計画（全総　昭和37年）だが、まず劣悪だった道の整備が急がれた。全総の目的は、昭和30年代から40年代後半の高度経済成長期に池田内閣で謳われた所得倍増計画（昭和36年）を後押しすることであった。実際、当時の所得倍増計画の実施要領には、高度経済成長の実現のために大都市圏の道路などの産業基盤を重点的に整備し、地方圏への投資は計画の後半に先送りすると記されている。

　しかし他方で発展の成果を地方圏に波及させる必要性は認識されていた。昭和40年代に入ると、「国土の均衡ある発展」を促すために地方の産業拠点や大都市とを結ぶ交通基盤の整備など地方への公共投資が重点的に行われ、一人あたりの都道府県民所得でみた地域格差は急速に縮小した。それと同時に学校・病院・上水道・社会福祉施設等の生活基盤の整備も進んだ。3全総が出された昭和52年には高度成長は既に終わり、我が国は安定成長期に入っていた。計画のテーマは過疎・過密の解消だったが、インフラについては欧米に追い付き追い越せを合い言葉に引き続きハードの整備が中心で、高速道路や地方道等の道や新幹線・空港等の交通網の整備が、生活基盤の整備と共に進められた。

社会資本の活用と多様な主体の参加

　昭和の終わり頃になると、分野にばらつきはあるものの社会資本の整備水準はほぼ欧米に追い付いたという認識ができてきた。それに歩調を合わせ4全総（昭和62年）と5全総（平成10年）では整備されたハードの活用への関心が高まった。4全総では地域づくりにおける「多様な主体の参加」の言葉が見られるが、5全総では更に具体的に「地域住民、ボランティア団体、NPO、企業等の多様な主体の参加による地域づくり」が謳われた。そこでは、訪問者と受入れ地域との交流だけではなく、交流連携の事業に取り組む地域の人々の間の「繋がり」の社会的意義に着目する視点が入ってきた。

　他方で90年代中頃から、バブル崩壊の不況対策として実施された地方圏の公共事業について、経済効果が小さいことに加え財政赤字の累積や環境破壊の元凶とされ、公共投資そのものが無駄と浪費の象徴のように批判された。実際、90年代後半から公共投資の対GDP比率は急速に低下し始めた。私は「荒廃する日本」が起こらないかと危惧していたが、それは自然災害に対する国土の脆弱性として表面化した。平成の終わり頃からわが国は自然災害の頻発と甚大な被害、施設の老朽化に直面し、防災減災における公共投資の役割について次第に理解が出てくるようになったが、新しい社会資本の建設については依然として厳しい環境が続いている。

　全総は5全総（平成10年）で終了し、新たに開発からの脱却、地方分権、地球環境問題への対処を理念に国土形成計画が策定されることになった。最初の国土形成計画（平成20年）では、ソフト施策として「新たな公」が提唱された。地域づくりの担い手としてのNPO等の新たな公の育成は、計画の5つの基本戦略の一つとされ、他の4つをベースで支えるという重要な位置付けがされた。

計画のもう一つの特徴は広域連携である。東北、関東、北陸、中部、近畿、中国、四国、九州の各広域地方圏域が定められ、広域地方計画を各圏域が主体的に策定し、広域連携による地域づくりが進められることになった。広域連携の中身は多様だが、「広域観光」はその中心テーマである。計画では北陸・中部の昇竜道が範例として示された。昇竜道というのは北陸を竜頭に、愛知・岐阜・長野・三重を胴と尻尾に見立て、圏域での観光資源を発掘して広域的で一体的な観光を推進しようとするものである。

　第2次国土形成計画では人の「対流の促進」が謳われた。これは交流連携のダイナミズムを現代に体現した言葉である。連携には町内会の連携、隣接した自治体の連携、都道府県を越えた連携、国際連携等の多様な連携があるが、これら一つ一つが人の対流の熱源となる。

広域連携と高速交通網

　このような広域連携の議論が可能になった背景には高速交通網と情報通信網の発展がある。高規格道路は点と点から次第に面的ネットワークへと展開した。時には無駄な事業という厳しい批判を浴びたが営々粛々と整備され、20世紀末から21世紀に入ると新幹線と併せ陸上高速交通のネットワークが実感できるようになった。高速交通は結節が一つできると人の流れは幾何級数的に増加する。

　広域観光は情報通信手段の展開にも支えられている。ここ数十年の間に情報通信網は電話からインターネットやスマートフォンへ急速な発達をとげた。情報通信手段の発達で人は移動しなくなるという議論があったが、その後の展開で情報通信の発達は人の移動を加速させることが明確になった。確かに情報通信手段は人が会う機会を一部で代替するが、情報伝達のスピード化や情報総量の増加、情報の質の改善等は人の流動

を促す。観光の情報は人の対流を促す典型だが、それはビジネスの世界でも、大学の研究教育でも同じである。同時に所得と時間価値の上昇とともに、速く快適な移動手段が求められる。

多様な広域連携

　広域連携は全国各地で見られるが、シーニックバイウェイ北海道や関西歴史街道計画、昇竜道等は広域観光を推進する役割を担っている。関西では、80年代前半までは全域の連携した観光体制はなく各府県でばらばらに取り組まれていたが、80年代後半、任意団体の歴史街道計画によって広域観光の取り組みが始まり、国内外でのPR、地域団体の活動支援等が行われるようになった。三遠南信協議会や九州戦略会議等は観光だけでなく幅広い分野で広域連携を展開している。全国の商店街の連携、瀬戸内の島の連携等は交流の拡大と大規模災害に見舞われたときの相互の支援を視野に入れているし、富山と飛騨北部の観光地の広域連携は災害時の観光客の支援に連携して取り組むために始まった。これらのいずれの圏域でも個別地域の観光に加えて複数の観光地が連携し、周遊ルートづくり等の広域連携プロジェクトの取り組みが行われている。

　第2次国土形成計画はコンパクト＋ネットワークとスーパーメガリージョン（日本中央回廊）を柱としている。コンパクト＋ネットワークは広域連携により日本列島の隅々までの豊かさを追求しようとするものである。他方スーパーメガリージョンには、東京一極集中から決別し東京・名古屋・大阪が一体となって我が国の成長を牽引することが期待されている。全国各地では規模はそれより小さいが、小樽・札幌・千歳・苫小牧や金沢・富山、松江・米子、仙台・山形、北九州・福岡等のようにメガリージョンとして期待される広域連携がある。豊予海峡を挟む大分・愛媛圏域も海峡トンネルの整備はこれからだが、両岸は歴史ある交流連

携圏域であり将来が期待される。また日本海側と太平洋側の広域連携は、国土形成計画において国土づくりの根幹として推進されてきた。

　経済学に「範囲の経済（Scope Economy）」という生産理論の用語がある。これを地域づくりに応用すると「規模に関係なく特色を持った地域が交流連携することによって情報や知識を出し合い、新たな価値が生み出される」と言い換えることができる。

公共を担う市民の活動

　「普通の市民・民間が公共を担う」は現代社会の特徴である。観光分野でも住民団体の活躍は目覚ましい。地域づくりのハードの整備は行政の役割だが、それをベースに街を作るのはNPO等の多様な主体である。高度成長期に地方圏でも大都市圏でも人の繋がりは弱体化した。昭和40年頃、地方では農家の兼業・出稼ぎ、大都市への労働力の流出等により、地域のコミュニティー機能は次第に脆弱になっていった。他方、大都市圏では地方から移り住んだ人々は団地やマンション住まいで近所付き合いは希薄だった。昭和の時代には企業一家がコミュニティーとして機能していたが、労働者の流動化が進むと企業への帰属意識は希薄になった。一方で安定感ある暮らしのためには人の繋がりが大事という意識は、社会の根底で保たれていた。それが一気に表面化したのが阪神淡路大震災の時であり、震災直後にNPO法が制定された。近年では、地方と大都市とを問わず従来からの地縁的な団体に加え、共通の関心で人が繋がった機能的な団体としてNPO等の社会での役割は定着した。

　人の対流のエネルギー源となるのは、NPO等の多様な担い手がつくる人の繋がりである。政府の骨太の方針でも地域づくりへの多様な担い手の参画と人の繋がりの重要性が謳われてきた。多様な主体はNPOや自治会、一般社団・財団法人、企業、大学、経済団体等さまざまで、多くは

行政と協力しながら事業を行っている。国土の強靱化では「平時の楽しみ、有事の強靱化」と言われるが、堤防等のハードの整備とともに、平時の楽しみのなかで培われる人の繋がりが、有事には強靱な社会として機能することが期待されている。

　NPO等の機能は第1に道路・公園・河川の維持管理など、行政が提供すべきサービスを自らの意思で市民に提供する行政機能の代替、第2に文化的価値の高い家屋・施設の再生、地域文化の保存、地域での子供の教育・介護等、行政が提供すべきとまでは言えないが、公共的価値の高いサービスを提供する行政機能の補完、第3に観光資源の発掘・事業化、特産品の開発・販売等について財政的に自立して社会的課題を解決するソーシャルビジネス、第4に多様な主体の活動を支援する中間支援機能、の4つに大別される。

　これらの活動のうち、当初は行政を代替・補完するボランティア的な活動が主だったが、次第に上記第3の財政的に自立したソーシャルビジネスの活動が成長してきた。現在では、これらのNPO等の活動がないと地域は動かないまでになっている。

　他方、活動は盛んになったが、新たな公の活動には、企画・立案、伴走型支援のできる人材の確保や人材育成、活動に取り組む若手人材のキャリアパスの形成、資金提供の仕組みの整備、NPO等に対する地域社会の信頼性の醸成等の課題も依然として多い。

重要な行政のリーダーシップ

　人口減少、高齢化の急激な進展により、地域によっては住民やNPO等が活動したくても何をしてよいかわからず困惑しているような状況が見られ、こうした状況に対して行政が前面に出てくる場面が増えている。行政が、住民と連携して地域の計画をつくることにより住民に地域の進

むべき方向性について理解を浸透させ、具体的な事業について行政が先頭に立ち現場に出て事業を行う取り組み等である。例えば地域の空家の活用の実践で、役場の職員が対象物件の掃除や修繕を行い、移住を希望する都市圏の住民とのマッチングをして住民に範例を見せる事例などである。

　観光地域づくりの広域連携では、特に行政や地域の経済団体等のリーダーシップが重要だろう。同じ地域で活動する NPO 等も相互に親密な関係にあるとは限らない。特に遠隔地との連携になると相手先を見つけて関係を持つこと自体が難しいし、連携には人手やコストがかかる。そのため広域連携には、行政や行政の外郭団体、地域の経済団体等がリーダーシップをとり、他の圏域の団体と共同で事業を組み立てることが、事業に関心のある NPO 等の参加を促すためには必要である。

【略歴】

奥野　信宏（おくの　のぶひろ）

名古屋都市センター長。 1945 年生まれ。島根県出身。経済学博士。京都大学大学院修士修了後、名古屋大学経済学部教授・学部長、同大副総長等を経て現職。国土審議会会長・計画部会長、共助社会づくり懇談会座長等。著書『公共経済学』（岩波書店）、『公共の役割は何か』（同）、『地域は「自立」できるか』（同）、『新しい公共を担う人びと』（栗田卓也氏と共著、同）、『都市に生きる新しい公共』（栗田卓也氏と共著、同）等。

観光の本質と観光地づくりの知恵

進士五十八

1 「観光推進プラン」公募事業の意義と有効性

国土計画協会の「(公募事業) 高速道路利用・観光・地域連携推進プラン」について、私はその前身を含めると18年間の付き合いになる。

その間の感想を一言で申し上げると、わが国の観光の底力を向上させるのに極めて有効、かつ大きな貢献を果たしてきた実に貴重な事業で、ある種のニューツーリズム ムーブメントともなっていると考えている。

その精華の第一は、わが国観光振興における「地方力」、さらには「市民NPO力」の発掘と強化に大いに役立っていること。

第二にこれまでの「国の光を観る」とか「見る観光から、する観光へ」、「住んでよし、訪れてよしのまちづくり」等、教科書的な「観光」観を超えた"新しく、多様な観光プログラム"につながる"新時代のニューツーリズムの萌芽"と波及を牽引しつつあるということ。

第三に、省庁、部課など縦割りの既成の観光政策体系、また観光協会、観光連盟、DMO等観光業界、さらには自治体・市民・団体・専門の枠を超えた"自然・歴史・文化・産業・生活・福祉・芸術など地域の総合力"を発揮する"壮大な誇り高きふるさと愛いっぱいの市民運動を予感させ現出する"ように思われ、私自身もそのことを強く願っている。それが、"私の観光観の究極的ゴール"だからである。

よって私の最大のお願いは、わが国観光活動の活性化と持続的発展のためにも、こうした国土計画協会の地道な支援が継続されることで、全国各地の地域観光のポテンシャルがより顕在化すること。そうした方向での市民NPO力と地方の総合力発揮の好事例の顕彰と普及への組織的支

援が倍加されるべきと考えるし、本書のような企画で協会が先鞭をつけようとされることに大いに賛意を表したい。

そんな中、私なりに多少でもお役に立てそうなこととして、私自身がこれまで携わってきた観光資源の保全・活用・調査・研究、全国各地の具体的な観光地計画、確信にちかい自論でもある地域性・場所性第一の観光風景づくりのすすめ方、等の知恵にもふれてみたい。

2　大局的「観光観」を発見 ― 国の観光政策議論に参加して

およそ「観光」行動ほど、多様多彩な人間活動はない。よって「観光」に対して、教科書どおりに対応できるなどと思ってはならない。まるで人間とは何か？を考えるのと同じだからである。

もっともそれ故に「観光」というテーマは、大局観を持てば生涯をかけてチャレンジするに値するおもしろいテーマだといえる。そのような意味合いからも私自身、多方面のランドスケープ関連の仕事に取り組んできたが、「観光」とはいつでも不即不離で生きてきた。以下は、自分史のなかの「観光」の覚書でもある。

「観光」論は実に多様で、観光政策や手法へのアプローチも多様。当に十人十色である。そこではじめに私の立ち位置、自己紹介を。人間と自然の調和共存環境のあるべき姿（＝環境風景）を研究し、それを社会的実装（＝まちづくり）につなぐのが、私の専門「ランドスケープ・アーキテクト」の使命である。Landscape Architects のことを、中国では風景園林家、韓国では造景家、日本では造園家と訳す（ただ、日本では園の文字が災いして風景づくりのイメージが残念乍ら弱い）。

生活者・訪問者いずれにとっても好ましい土地、場所、空間、適切な環境や風景（美しい景観）を如何に実現するか。こうしたいろいろな課題を解決する能力が、観光まちづくりの専門家には求められ、又推進力

になると信じ、多方面な事柄を学び機会あるごとに微力を尽くしてきた。

　私にとって大きな経験のスタートとなったのは、30代に入って間もないころ、国の観光政策審議会（観政審）専門委員に任命されたことに始まる。国立公園協会理事長の千家�麿先生のご指導で初めて「広く大局的に、モノを見たり考えたりすることの重要性」を実際的に体験させてもらえたのである。

　そのひとつが、経験の浅い若い私は教授の指示での特定の計画作成作業をどう進めるか？どう構成するか？等眼前の仕事しか考えなかったのが、「観光の社会的意義」につながる、たとえば次のような問題意識に目覚めるのだ。

　近代日本はすぐに日光や雲仙に「国際観光ホテル」を整備した。外客誘致による"外貨獲得"が明治政府のねらいで、戦後復興に際しても昭和24年「国際観光ホテル整備法」など法を整備。その後もディスカバー・ジャパンや2003年観光立国宣言へとインバウンド振興を実施してきた。

　巨大資本が必要な重厚長大型産業が無理な段階の国では、有効な政策手法だから国際観光振興は敗戦国の常用手段であったし、いまなら自治体の地方創生施策と重なる。

　さらにもうひとつ、より普遍的な「観光」の大義を教えられ人生の指針にさえなったことである。

　私はもう一期、鈴木忠義先生が小委員長代理のとき観政審専門委員（昭55.5任命）を経験し、そのときの「専門委員寄稿」に私は、「2．東京農業大学助教授、進士五十八、郷土設計論－地域性景観の育成を」を論述している。ところで鈴木先生は、わが国では数少ない観光・景観研究をリード、東工大や東京農大教授として秀れた観光プランナーを輩出。また群馬県川場村に「世田谷健康村」を計画し川場田園プラザ・道の駅の社長も引受け、日本一の「都市と農村の交流モデル」を確立された大人物。

東京の下町・向島育ちの忠義先生の観光論は、全人的で魅力あふれるものであった。

「世界における観光経済の総額と、世界の軍事費はイコールである」は先生の名言と思う。世界中の人々が観光による交流をすすめ異文化コミュニケーションが活発化すれば世界は“平和”に向うはずである。戦争か平和か。昨今の世界情勢を踏まえると尚更、改めて鈴木先生の「観光の大義」を多くの国民に知ってほしいと願う。

ところで、それまでの私は大学の助手に就職以来、研究室が受託した国立公園や観光地の保護利用計画作成を寝袋泊でまとめる日々。自分のやりたいテーマでも好きでもないのにと思いつつ、1件々々をクリアすることで満足していた。

そんな私が「観光」は、本気で向き合うべき重大事だという自覚を促す契機を千家先生や鈴木先生が与えてくださったのだ。政府の観光政策審議会（昭50.11任命、会長：永野重雄日商会頭）に設置された「観光地づくり小委員会（委員長：津上毅一日本観光協会理事長）の専門委員」に総理府から任命（昭51.7）されたのである。

観光審本委員は、千家哲麿、角本良平、梶本保邦、兼高かおる、堤義明ら。小委員会メンバーと発表テーマは、上田篤京大助教授は「総合美へ環境デザイナーの必要性」、斎藤精一郎立大助教授は「集中問題」、長谷川堯武蔵美助教授は「近代が忘れていた物語性」、進士五十八東京農大講師は「望ましい観光地の指標：Amenityと開発の適正なスケール・スピード」、三田育雄ラック計画研究所長は「望ましいモデル観光地づくりの必要性」、ほかに藤竹暁NHK放送文化主任研究員など。

観光地の荒廃が目立つ1970年代後半の観光地対策には「望ましい観光地づくりの理念と方法」を根本に据えた議論が必要だということだった

ようだ。いま思えば30代に、こうした根本を洞察する機会をもてたことは、その後の私に大きな意味をもったと考える。

　なお成果は、内閣総理大臣官房審議会編『望ましい観光地づくりの方向』（観政審報告、昭52.11）として社団法人日本観光協会（現公益社団法人日本観光振興協会）から公刊、また鈴木小委員会の成果は、内閣総理大臣官房審議室編『望ましい国内観光実現のために』（観政審意見具申、昭57.3）として、大蔵省印刷局から発行（昭57.8）されている。

　とかく現代社会は、分化分業化がすすみ、専門家になれば狭い対象にどう対処すればよいか？観光振興のためにと、おもてなしの仕方、新しいお土産品の開発、サイン計画、情報発信へとパーツやディテールに目が行って、大局を考えるのは他にお任せ、といったパターンになる。しかし、それだけではない。

　観光とは何か！　戦争か平和か、ビジターは何を求めてやってくるのか？その問を持つことが、ホンモノの施策や仕事の仕方に繋がるのだと思う。当時の新聞論調は "保護か開発か？" の二項対立で捉えるばかり。私は、このような思考では社会的実装は不可能と感じていたので、ペンシルバニア大のイアン・マクハーグ教授の『Design with Nature』の日本化手法にチャレンジ。"段階的土地利用計画論・調和的設計技術手法の具体的事例" を雑誌『観光』や『国立公園』等に発表。"自然の保護と開発の調和手法" に対し、1984年「第5回田村賞」をいただいた。どうも世間やマスコミ人は教条主義かの如く「開発」は悪、「保護」は善と叫ぶが、技術系の専門職として生きようとしていた私は、開発抜きに持続的に人類は生存することはできないと考えていた。対象地の自然特性にふさわしい開発の規模、速度、方法により「破壊」につながらない開発計画が策定できてこそ専門技術者の存在価値だと、私は確信していた。これも東京農大の大先輩で、東京市の公園行政をリードし、特に「人間

の尊厳」を守るべく井ノ頭恩賜公園や多磨墓苑の設計等、公的葬務体制を確立する業績を重ねられた井下清先生の生き方、「公園行政は現実、しかし理想を忘れてはならない！」との基本姿勢を、やはり30代で学ばせていただいたお陰である。

3　観光地マネージメントの本質と知恵

近年のAI、SNSなど観光情報媒体の多機能高度化は著しい。がただ、手段と方法の進化とその活用に追われるあまり、元来ヒトも、"生物的人間"であり、美しい風景や豊かな風土を全身で味わいたいと願う存在がビジターだということを、決して忘れてはならない。観光客を、ただマス・数としてしか捉えないようであれば、正に本末転倒。観光の本義——異日常、非日常との出会い、人生の記憶となるセンセーションが提供できることを、広く観光関係者は肝に銘ずべきである。

そうした人間愛からの知恵を、専門委員会視察時はじめ私の記憶に残る先人の経験談話を紹介し、前述した大局のみならず観光現場の発想法や気配りも極めて重要だという点も、あえて以下で強調しておきたい。

●岩切章太郎　観光の知恵

観政審委員で、㈱宮崎交通の社長・会長としての氏は、経済的にハンディをかかえたふるさとを救うべく独自の発想で「観光立県・宮崎」を全国区に仕上げた人物である。

第一、沖縄復帰までの新婚旅行のメッカ・南国イメージを演出。市内にヤシの並木を整備、平凡な海岸に「日南海岸」と命名、国定公園に指定されるようにキャンペーンもした。親がお金がかかるのを気にしないようですむような無料遊園地などを青島に「こどもの国」を設置運営し、人気を博した。

第二、向日性のキリシマツツジ群落が生長しやすく拡がるようにツツジ周りのススキなどを人力で刈り開き、キリシマツツジ群落の名所を人為的に創出、その風景保護に尽力した。

　第三、黒木知事と協力して日本初の「宮崎県沿道修景美化条例」を制定。宮交社員の参加により沿道美化をすすめ、バスの車窓からの沿道景観と観光環境を向上させ全国に模範をみせた。

●堤義明　観光の知恵

　観政審委員で㈱西武鉄道、㈱国土計画の社長・会長。早稲田大学の学生時代、スキー部員として活躍する一方、箱根の富士屋ホテル社長の支援で設立された立教大学の研究会にも参加しており、そこでは東京農大造園観光研究会とも共同した思い出等を話してくれた。立教大学のホテル研究会は、関東の大学生、ホテルや観光に関係する学生にはオープンであった。その発展形が立教大学の観光学科である。学生時代すでに父・堤康次郎氏からは「苗場スキー場を自分の考えで計画せよ」と言われ、それ故に全力投球してきたのだと自らの経験談を自慢気に語った。

　第一、苗場プリンスホテル棟のゲレンデに面する南側を全面ガラスにした結果、膨大な暖冷房用の電気代が発生、その対策として高木並木を植栽して光熱費を３割カットした経営トップ自らのアイディアや、コストダウンの経営努力などを語る。

　第二、マイ・ヘリコプターにより軽井沢や上越地域の上を飛び、広域的、接地的、実感的な敷地選定をおこなっていたこと、またカーペットの柄や色、家具調度、コーヒーカップにいたるまで全てを社長自ら選ぶ、一貫した目でクオリティを重視するのが、プリンスホテルの経営姿勢だと示唆された。

　第三、ホテルの収容人数や規模拡大には「倍々の原則」があると経験

から考えるようになった。ホテルマンの高いサービス水準を維持するには、いきなり2000室はダメ。ベテランの従業員が新人をオン・ザ・ジョブ・トレーニングする必要から、200室／1年目→400室／2年目→800室／3年目→1600室／4年目という具合に、完璧な社員教育を前提とした施設建設や拡張計画を立てるべきであろう。

この点、私も共感大で、私自身の「自然地開発論」からみても自然樹林地にいきなり40m幅員の道路を開発すると、安定した樹林帯に風が吹き込み、富士山のスバルラインの失敗例のようにオオシラビソ群落が壊れてしまうのと同じ。少しずつゆっくりと開発するのが、自然共生・人間共生型開発ということ。後、私は「適正スピード・適正スケールによる開発」として啓発してきた。

●小澤恒夫　観光の知恵

江戸初期以来の老舗酒造元「澤乃井」の社長・会長、奥多摩御岳の「玉堂美術館」の理事長も。観光にはユーモアが大切という好人物。

第一、ユーモア精神抜群の話。日本酒の顔は瓶のラベルだが、地元澤井の清流の沢蟹をモチーフに切り絵でラベルをデザイン。口の悪い友人が、蟹は横に歩く、商売が横ばいになってもいいのか？と。そこで小澤氏、蟹を赤い色に染め、蟹は酔っ払うと真っすぐに歩くからこれでどうかと。ぜひ清酒「澤乃井」の赤と金の豪華なラベルをご覧いただきたい。

第二、小澤氏は知り合いの簪（かんざし）コレクターから江戸のかんざしを購入し「澤の井　櫛かんざし美術館」を開設（現在、休館）、当時皇太子（現上皇）ご夫妻のご来駕の打診を受け、あわてて奥さんに「おまえ、お食事をお出しできるか？」と、小澤さん。奥さんいわく「ままごと、なら」と。さらに、渓谷の上流にある玉堂美術館にも妹さんにレストラン出店を依頼。こうして澤井に"ままごと屋"、御岳に"いもうと

や"という名前の静かなレストランを配し、既存の寒山寺や複数の滝と共に渓谷沿いにネーチャートレイルの整備を行政に要請。遂に奥多摩渓谷回遊の観光ルートを完成、地域振興への寄与に対し観光界の功績賞「岩切章太郎賞」も授与されている。

●進士五十八　観光の知恵

　第一、風景を解剖すると「同じ風景の場所」は二つと無いことがわかる。地中から地表に向けて風景を解剖すると、地質・地形・土壌・植生・水理・気候・風土・地理が重なり、その場所の風景が出来ていることがわかる。各要素のすべてが同じということはあり得ないから、同じ大地が存在することは決してない。よって何処の地方にも独自性のある大地性・場所性が潜在する。よく首長が語る言い方に「ここには何もないんです」というのがあるが、そんな土地は絶対に無い。大地を見る目、読む目があれば、必ずその土地の魅力を発見することができる。その点を観光地の関係者は尚更、留意すべきであろう。

　第二、そこで進士はかねて、観光資源の私なりの発見法を「ＬＭＮ法」として提案している。Ｌ：光を当て（Light up）、Ｍ：意味づけ（Mean it）、Ｎ：名前をつける（Name it）である。長谷川堯が観政審でいった「物語性（story）」にも通じる。ちなみに、ストーリーが人々に伝わり、社会的にも練り上げられて、やがてはヒストーリー（History：歴史）に昇華されると考えてよいだろう。

　第三、「風景」は、「地（ぢ・ground）」と「図（ず・figure）」の組合せによって出来ている。緑の山や谷を「背景」に、白色やカラフルな建築物、朱色の橋梁等がアクセント「点景」となって、誘目性の高い観光地風景が構成される。建築の形や色のみではすばらしい観光地はつくれない。自然と人工、背景と点景、文化と文明の関係性に意を用いることがいつで

も大事。その点、デザイナー任せにせずに観光企業のオーナーや行政の長も熟知すべきことである。

第四、視覚情報のウェイトは確かに高いが、人々は元来五感を総動員して、観光体験を得ているし、ビジターそれぞれの好ましいレジャー（Leisure）時間 (Time) を過ごす。五感体験の濃度とレジャータイムの積が、観光の満足度を高め、良い思い出を残すものだと理解すべきだ。

第五、近世の"物見遊山、気延し（きのばし）"に始まり、近代のグランド・ツアーなどソーシャル・ツーリズム、アルプス由来のアルピニズム、やがて現在の観光・レクリエーション、商業主義に追われたレジャーランド、テーマパーク、また、産業観光（High-Tech Industry-Tourism）、一方でGreen-Tourism、Blue-Tourism（農林水産業観光）、地球スケールの Eco-Tourism や宇宙観光へと、「ツーリズム」は目的・場所・空間スケール・性格など多種多様で無限に広がっている。

この可能性は、ヒトと地域次第といえる。地域から地球社会のあらゆる対象へと人々の好奇心や関心は益々拡大し、異文化コミュニケーションや観光体験を人々は希求するからである。

第六、私の経験では観光立国への最大の課題は、新幹線はじめ鉄道沿線、高速道路沿線の車窓風景の質的向上である。もちろん海岸線や河川沿いの一般道においても乱雑なディスアメニティは大きな課題だ。近年の超高速要請と地価問題からも地中化が促進され、トンネル続きで山河の自然景が見えなくなっているのも大問題だ。「国土の醜を廃し、美を守り創り育てる」。できる限り「地域色・地域性・場所性を醸成する方向での景観行政や公私協働の風景デザイン」を心掛けたいものである。

第七、地方文化観光の時代、私自身、NPO 法人美し国づくり協会（2005年設立）の理事長として、日本らしさ、地域らしさ、農村らしさ、等を啓発実践してきた。グローバリズム下の巨大都市建設については、機能

性、効率性、コスト・パフォーマンス面で、大量流通の工業製品による画一的な人工景観が圧倒するのが現代文明の必然と諦めているが、その一方で私自身は近年、インバウンドはじめ日本の地方文化の厚みを体感したいと考えるツーリズムにとっては、大都市文明路線とは対照的な（対比・コントラストの）「ローカル文化路線の観光地づくり」が相対的に重要性を高めていると考えている。地方創生のためにも自然風土、民俗文化、歴史的文脈を基調とした方法（地方文化観光路線）を強調したい。

　拙著『緑からの発想』（思考社、1983）のサブタイトルでアーバンデザインのオルタナティブとして「郷土設計論」を提唱したり、技術書『ルーラル・ランドスケープ・デザインの手法』（学芸出版社、1994）で地場材料や地方技術を活用した風景づくりを推進したりだ。2016年ころからは福井県永平寺町の曹洞宗大本山永平寺門前の新参道整備（町）、多自然河川整備（県）、伝統意匠のインバウンドのための宿坊の新築（大本山永平寺）の３者の事業をトータル・ランドスケープめざして修景技術的に監修し、私の思想を具体的な景観で示した。

　また2024年３月16日の北陸新幹線の金沢から敦賀延伸と、福井県内４駅建設に伴う車窓や駅周辺景観・観光配慮をアドバイスしてきた。例えば金沢から福井県域に入ってすぐ、福井の大河・九頭竜川の新幹線鉄橋に併行して県道２本を架橋、「新九頭竜橋」の景観デザイン委員長を務めたので、九頭竜川と白山遠望の雄大なスケールを味わうにふさわしい橋梁からの視角と視野のコントロール、さらに橋台地広場設定と植栽を工夫した。

　さらに車窓を「麦秋」で埋めたり、名物「越前そば」と車窓風景を景観作物としてソバ畑とする事業に展開、その相乗効果を目指して県農林部と農家の協力を現実にすべく社会実験中である。

　第八、観光立国の目標は「住んでよし、訪れてよしのまちづくり」で

あって、ふるさと風景をホンモノにしようとするのは決して観光客のためだけというわけではない。一目瞭然の景観・風景というものは、住民にとって「ふるさと」を実感し自らのアイデンティティとするのに極めて大きな存在だからである。次世代も含めた住民にとってわが村、わが町は、"Pride of place"“地域への誇り”である。わが村、わが町に他所から大勢の人々がやってくる。それも外国からもやってくる。さみしかった地域が賑やかになり、他所のひとやインバウンドとのコミュニケーションもできる。子供たちにとって、誰も来ない地域とはちがって他所からビジターが訪れるわがふるさとはどんなに誇らしいか。

　第九、観光客がお金になると考える一方、オーバーユース、オーバーツーリズムの批判もある。共に極論である。適正な収容力（スペースキャパシティ、地域容量）を設定したしっかりした計画がないことの失敗である。

　それぞれの観光資源、観光特性にふさわしい性格づけをキチンとし、それに合わせた地域づくりを進めることが肝要である。

　第十、脱農・脱工、情報とバーチャル時代の都会人にとって、リアルな「農業農村」は自然環境型ワンダーランドだ。かねて私は『「農」の時代』（学芸出版社、2003）を主唱してきた。都市の大規模化、高密度化は、生物的人間の精神的ストレスを高める。過労を回復する豊かな自然地というだけではなく、スローなフード、スローな時間、オーガニック環境の提供や、生物感覚に浸れる感性と健全な人間性を回復することができるからである。

　2023年7月埼玉県の三芳町・所沢市にまたがる「三富新田」が、「武蔵野の落ち葉堆肥農法」として世界農業遺産に認定された。

　1694年に川越藩主・柳沢吉保の命で開発された。吉保の儒者・荻生徂徠の助言で、当時「赤い風」と呼ばれた季節風で関東ローム層の土が舞う不毛の地を開墾した計画的農村開発である。

入植者らは各戸5町歩の土地を配分されている。封建時代には珍しくイコール　フィッティングの開発計画であり、エコロジー時代の現代に通じる防風林、茶垣と家墓のある農地、屋敷林で構成された「落ち葉堆肥による循環型農法」の農業文化遺産である。

　私は半世紀も前に、埼玉県自然環境課から平地林調査を委嘱された折、全県域を現地調査した。そのとき三富の計画農村に出会い、不毛の地が人々の汗と努力で美しい農村と自然共生原理による環境創造となったことに感動した。未来に継承されるべき農法と農村だと直感し、その後は、県の緑の審議会や山と川の再生委員長ほか埼玉緑のトラスト協会理事長などとして数代の知事に働きかけ地元にも協力、やっと世界農業遺産になった。

　私の考えでは、首都圏の一角に、こうした農的自然地域が保全されることで、灰色の日々の都会人が落ち葉かきに汗を流し、ほくほくの「富のいも」を食べながら300年のゆったりした歳月が培った「武蔵野」で終日を過ごす価値は極めて大きいと考えている。

　文明人が心豊かに生きるには、「田園」をゆっくり歩くことだと、イギリスでは「ランブラーズ協会（ぶらぶら歩きの会）」が昔から出来、それを範に日本でも「フットパス協会」ができている。観光は全く新しいモノだけが全てではない。

【略歴】

進士五十八（しんじ　いそや）

ランドスケープ・アーキテクト。 東京農業大学名誉教授・元学長、福井県立大学名誉教授・前学長。 福井県政策参与・福井県里山里海湖研究所長。 1944 年京都市生まれ。 農学博士。 政府の観光政策審議会専門委員、日本学術会議会員 (初代環境学委員長)、自然再生専門家会議委員長、社会資本整備審議会委員、日本造園学会長、日本生活学会長、日本都市計画学会長 など歴任。主著 :『日本の庭園』(中公新書)、『日比谷公園』(鹿島出版会)、『 アメニティ・デザイン』『緑のまちづくり学』『「農」の時代』(学芸出版社)、『グリーン・エコライフ』(小学館)。 日本農学賞・読売農学賞、日本造園学会賞、土木学会景観デザイン賞、日本生活学会今和次郎賞、内閣みどりの学術賞、紫綬褒章など。

道の有効活用への地域の創意・工夫

杉山　雅洋

1　道、道路、みちとその機能

　漢字表記の「道」と「道路」の二つでは前者の方が武士道、茶道等を表現する場合に用いられているように幅広い分野を対象とするのに対し、後者は通行のためのインフラがイメージされることが多い。交通路が意味されているのがほとんどであると言えよう。とはいえ、われわれが日常生活で両者の差を明確に意識して使い分けているのかといえばその限りではない。これに対して仮名表記の「みち」はより多くのニュアンスで用いられる。「ち」は「ちまた」を意味し、そこに市が開かれ、ヒト、モノが集まり、生活と直結する（芝浦工業大学　谷口博昭教授）。「みち」は人々の様々な活動のベースとなるものなのである。そこから社会とかかわりが大きく広がってくる。私は「道」、「道路」（特に「道路」）には無機質的なもの、「みち」には有機質的なものを感じているが、独りよがりであろうか。

　「道」といった場合、直ちに脳裏に浮かぶのは H. シュライバーの名著『道の文化史』である。1960 年の作であるが、原題は Sinfonie der Strasse で直訳すれば『道の交響曲』となる。「道」と人間の営みを第 1 楽章から第 4 楽章まで、その関係を実に丹念に格調高く描写している。時代背景も詳しく叙述されている。個人的には和訳のタイトル表記を『みちの文化史』とした方が内容的にふさわしかったのではないかとも思っている。ともあれ、道は古から人類の存続に不可欠な役割を演じてきたものであり、それは今後もますます重要なものとなっていくであろう。現代のようにグローバル化した社会では情報・通信と一体化した道、道路の整備、

その有効活用に人間の一層の知恵が問われるのである。

　道、道路の機能として挙げられるのは通行機能と空間機能である。通行機能では道路サービス需要が派生需要である限り、経済性の範囲内で高速性が重視されることになる。わが国の高速道路の整備目標は、全国どこに住んでも1時間以内でアクセスできる高規格幹線道路網14,000kmとなっており、着実に建設が進められてきたが、いまだ完成型には至っていない。

　「日本の道路は信じ難い程悪い。工業国にしてこれ程完全にその道路網を無視した国は日本のほかにない。」との1956年に綴られた一文はわれわれ世代には強烈なインパクトを与えたが、今の人たちはこのこと自体をどの程度知っているのであろうか。また、彼らにはどのように響くのであろうか。わが国最初の高速道路である名神高速道路の feasibility study（実現可能性調査）を行うために、わが国政府から招聘されたワトキンス調査団の報告書の冒頭の刺激的な（？）文章から、道の長い歴史に比べ高速道路のそれがいかに短いものであるのかも伺い知れるのである。

　道路の空間機能には、地上での防災、人々の交流の場としての役割等がある。道路空間そのものの存在は火災の延焼防止、自然災害の食い止めにも有用であるし、場所によっては歩道でのオープンスペースの利用を可能とする。パリのシャンゼリーゼ通りのオープンカフェに代表されるように、世界各地からの多くの人々に愛用される憩いの場にもなっている。道路は地上空間だけではなく、地下空間も活用されている。大都市では地上での敷設の余地が極めて限られている地下鉄を収容することでの機能を果たしているし、大都市以外でも水道管、ガス管、送電線等の社会インフラの収容空間ともなっている。これらを地上に設置するとすれば、地上空間の景観も大幅に妨げられることとなろう。道路の空間

機能は地上、地下の両面から捉える必要がある。景観向上には本源的需要としての交通サービスを誘引する可能性も秘めているのである。その際、道、道路に伴うマイナス面への配慮、応分な対策が必要であることは言うまでもない。

2　地域活性化と道路、高速道路

　道路を整備することによる効果の把握には定量分析と定性分析がある。定量分析はその精度が高いものであれば、具体的数値の計測により客観的な判断材料を提供しうるが、計測自体は決して容易ではない。定性分析はこれまでの経験値をベースにするもので、計測値がないからといって何ら軽視されるべきものではない。分析対象に応じて適宜使い分けることが重要であろう。

　道路整備により生ずる効果には、市場機構では評価されない外部効果（external effect）もあることから、とかく議論は面倒になりがちである。私が末席に連なっていた研究会では、道路を整備することの効果は内部効果、外部効果を問わず経済活動に反映されるので、各地域のGDPの増加分として捉えられるという考え方によって定量分析を行ってきた。GDPの増加分の総計と、道路整備に要するコストとの対比によって判断材料とすることを旨としてきたのである。その際、道路ネットワークをどのように想定するのか、高速道路の場合は料金体系、料金水準をどのように想定するのか、道路サービスをもたらす各地域の活性化にどのような創意・工夫が反映されるのかが、計測作業の前提とされる。道路ネットワーク、高速道路ネットワーク、高速道路料金等は政策当局により外生的に決められるのがほとんどであるが、各地域の活性化は当該地域の知恵と実行力に依存するので内生的に決定しうるという特徴がある。この意味でも、貴重な社会インフラである道路、高速道路を有効活用する

うえで、各地域が自らの活性化のためにもどのような活動をすべきかは極めて重要なものとなってくるのである。

整備・改良ないし新設されたサービス水準の高い道路の経済効果の捉え方として従来は、直接利用者が当該道路上で即座に享受する直接効果と、非利用者が道路以外の所で時間の遅れを伴って享受する間接効果とに大別されてきた（伝統的2分法）。直接効果には走行時間の短縮、走行費用の節約、安全性の向上、確実性、快適性の向上等があり、間接効果には生産・輸送計画の合理化、流通プロセスの合理化、工業立地の分散・資源開発、大都市等の人口の分散、市場圏の拡大等がある。間接効果の多くは直接効果が転移（transfer）するものであるが、これに加え在来並行道路の混雑緩和効果があり、これは直接効果とは独立に発生するものである。このような接近では各効果を個別に計測、集計するのであるが、その際漏れと重複に十二分に留意しなければならない。これらの効果のうち、客観的に計測可能なものは限られているのが実情である。この限りでは過少推計ともなる。直接効果、間接効果に分ける2分法に対し、「適切に定義された輸送需要曲線が計測できるのであれば、それによる効果計測がすべてである」という考え方（金本＝目良命題）があることも付記しておきたい。当該輸送需要曲線の計測可能性が問われるので、現実への適用には留意しなければならない。

各地域の創意・工夫は上記の間接効果を高めるものである。開放経済体制（open economic system）では、地産地消は限られた財には有用であっても、より広い財を対象とした場合には、各地域の交易により経済厚生が高められていくのであり、そのためには交通路の確保、整備は大前提とされる。生活必需財を従来の「衣・食・住」から今日では「衣・食・住・交（傍点、筆者）」と捉えるべきであろう。広域交通にも用いられる高速道路の場合、その有効活用には有料道路事業経営にとっても重要である

し、各地域の経済活動にとってもその存在は欠かすことのできないものなのである。要は両者を一体として捉えることが社会的にも必要とされるのである。

3　道路地下空間利用の便益と費用

　地上空間での道路サービス活用の経済効果の捉え方について触れてきたが、新たな視点という角度から地下空間についても若干の整理を試みたい。何事につけても従来の視点だけにとどまることなく、これまであまり注目されてこなかったことへの留意も大いに必要とされよう。

　すでに少なからざる地域においては道路地下共同溝には水道管、ガス管、送電線等が収容されている。かつては石油輸送のパイプラインを収容する構想もあったが、人口密集地での危険対策の観点からわが国では実現に至っていない。道路の地下空間は通常われわれが直接見る機会が限られている。そのため、その活用により様々な便益がもたらされていることはとかく忘れ去られがちになる。かつて時代劇映画の野外撮影に地上の送電線が不都合であるとされた。観光地においても、水道管等が社会インフラであるとはいえ、地下共同溝ではなく地上に設置されていれば、景観上も好ましいとは言えない。道路の果たしている機能を正しく認識し、これを反映した利活用がこれからの観光開発にも必要とされよう。この点からの基本的考え方、留意点を示しておきたい。

　道路地下空間を活用することから生ずる便益の計測は、私の知る限り、地上空間のケースに比べてほとんど試みられることはなかったであろう。地下化に伴う景観評価には主観の入ることも大きく影響したためなのかもしれない。その一方で、災害関連の評価に関しては、(皮肉なことにも)災害大国のわが国ではこれまでの体験からかなりの基礎データが蓄積しているであろうことに加え、数々の優れた研究成果が発表されている地

上空間での方法論の援用も考えられうる。定量分析では仮説に基づくモデル構築、統計的検証、政策シミュレーションといった一連の大掛かりな作業が必要とされるので、当面は定性分析による接近も考えられてよい。

　地下空間での便益とともに、費用についても一考を巡らす必要がある。地上空間での費用は資本費、維持管理・更新費が基本である。高速道路の場合、建設・供用された当初は永久構造物と考えられていた節が否定できない。その後の劣化から維持管理費の重要性が明らかになったのであるが、劣化自体を明示的に認識していなかった不手際は今考えれば全く意外なことでもあった。高速道路の歴史もなかったし、経験値もなかったためであろう。膨らむ維持管理費の捻出のためにわが国の高速道路では償還期間の延長で対処することになったが、今後は歴史の教訓を大切にしなければならない。維持管理費とともに、ITS 時代、無人運転時代では道路と車の双方向の対話を可能とするための更新費も重要となってくる。維持管理費が現状のサービス水準の維持のためであるのに対し、維持更新費はこれに加えより高度なサービスの提供のために必要とされるものだからである。

　地下空間での維持管理・更新費の重要性も変わることがない。水道管の劣化対策の緊急性が叫ばれている地域も少なくなく、より耐久性の高いものへの更新も必要とされている。これらの対策のための道路費用も追加的に生ずる。加えて地域によっては送電線を新たに埋設する場合に、既設埋設物との費用負担の問題が生ずる。共通費の配賦基準には理論的にこれといった決め手のないのが実情であることから、ここにも納税者、利用者を納得させる知恵が要求されることとなろう。

　政策判断にはこれら便益、費用を勘案したうえで行われることが社会的にも強く要請されるのである。

4　道路の有効活用と一体化した活動での各地域の創意・工夫を

　道路は整備されただけでは意味がない。これをいかに有効活用するのかが肝心である。道路を整備することによる乗数効果はかつてのように大きなものではなくなっている今日、利用促進効果を期待すべきである。乗数効果が投資の種類に依存しないもの（例えば、新幹線であっても高速道路であっても本質的な差はない）であるのに対し、利用促進効果は投資の目的本来のものなのである。高速道路の場合はネットワーク、利用料金のあり方が関連してくるが、これらは利用者にとっては自ら直接には関与しえないものである。これに対し、各地域の活動の創意・工夫には独自性の発揮が可能なのである。このことを十分に認識しなければならない。

　国土計画協会の本事業の狙いはまさにこの認識を促し、高速道路の有効活用と一体化した各地域の実行力を問うことにある。本事業は国土計画協会の前身である高速道路交流推進財団の事業を引き継いだものであることから、高速道路の利活用での各地域の意欲的な取り組み、実践を20年近くにわたり助成してきた。2006年度に始まった本事業は2022年度までに49件が採択されており、その概要は国土計画協会の事務局によって紹介されている。そこでは、テーマ・目的別に歴史・伝統・文化、自然・環境、その他、内容で広域・周遊ルート整備、地域における観光地づくり、特定スポットでの集客等の拠点整備、その他の類型化が行われている。これらはあくまで事後整理であって、今後は本事業の募集の趣旨を逸脱しない限り、これらのカテゴリーに該当しないテーマがあってもよいし、またそのような新たなテーマが登場してくることが大いに期待されるのである。

　われわれが研究論文に取り組む際、当初から独創的な構想があるとい

う極めて稀な場合を除いて、通常まずは関連する先行論文を検索、紐解くことから始め、そこでの内容を超えられるような新たな主張が展開されるように心掛ける。この類推からすれば、各地域での知恵が絞られた採択事例を参照することは大いに有用である。貴重なヒントが得られる可能性も高い。ただし、各地域にはそれぞれの固有の歴史、風土があるのでそれらを最大限に活かすうえでの参考事例とすべきことが忘れられてはならない。一般論として、地域の計画は往々にして金太郎飴（紋切型）に陥りやすいが、地域のことはその地の人が最も良く知っている。外部の人の示唆も確かに重要であるが、当該地域の主体性で立案、その推進のための組織づくり、資金計画等での特色ある創意・工夫をすることが大事なのである。そこで立案されたものが一過性にとどまることなく、他の地域でも参照に値するようになれば一層好ましいことになろう。

【略歴】

杉山　雅洋（すぎやま　まさひろ）

早稲田大学名誉教授、流通経済大学理事。1941年生まれ。早稲田大学大学院博士課程修了、早稲田大学講師、助教授、（西独）ボン大学客員研究員、早稲田大学教授、日本交通学会会長、道路新産業開発機構理事長などを歴任。主な著書は『西ドイツ交通政策研究』（成文堂）、『交通学の足跡』（流通経済大学出版会）、『総合交通体系論の系譜と展望』（流通経済大学出版会）。

「Highway & Rail」のススメ

水尾　衣里

鉄の魅力

　「鉄」の人気は常に根強い。テレビの地上波、衛星波いずれも鉄道関係の番組は数多くあり、しかも長寿番組が多い。例えば、「鉄道ひとり旅」「六角精児の呑み鉄本線・日本旅」「鉄オタ選手権」「世界の車窓から」などである。俗にいう「鉄っちゃん」や「鉄ヲタ」の定義はさておき、鉄道、とりわけ日本のローカル鉄道に対する興味はもはや彼らだけのものではなく、地域の観光資源にもなっているローカル鉄道には老若男女を問わず多くの人々が訪れている。一方で、いくつかの地域でローカル線の廃線が議論され、実際に廃線になったというニュースも多く目にするようになってきた。台風などの災害で被災したまま、復旧されることなく廃線になるケースも年々増えている。人口減少や自動車保有率の増加等によって乗客が減り、経営悪化のため存続できなくなっているのである。さらに数年前のいわゆるコロナ禍はこうした状況に追い打ちをかけた。廃線してもバス転換すれば地域住民の足移動は解決するという簡単な問題ではない。地域に深く根差したローカル線の存在意義は公共交通の一つであることのみでなく、駅舎も含めて開通からこれまでの地域の生活文化・歴史を蓄え持つところにある。それは、ある意味、生物のようなものであると思う。それゆえに深さの度合いは人それぞれであるが、多くの人を魅了するのである。

　ローカル線の存続のため、様々な努力がなされている。クラウドファンディングによるイベントの開催という手段を良く耳にするようになったが、イベントの時だけの集客だけでなく、地域外の人たち、つまり観

光客を継続的に集められる仕掛けを創って成功しているところもある。そうした様々な取り組みを応援したい。

　そして、こうした鉄道観光を盛り上げる一手として高速道路を活用できるのではないかと思うのである。公共交通かマイカーかの選択でなく、組み合わせて使うことによって、より充実した旅、または新しい鉄道の楽しみ方が実現するのではないか。

　すでに社会にはパークアンドライド（park and ride system）という言葉が定着している。通勤等のため、自宅から最寄駅までマイカーを使用し、駅の駐車場を利用して公共交通に乗り換え、都心へ向かうというものである。このようなパークアンドライドとはまったく意味合いが異なるコンセプトとして Highway & Rail を提案したい。この場合、Rail は観光として乗る鉄道を意図する。その具体案として明知鉄道を取り上げたい。

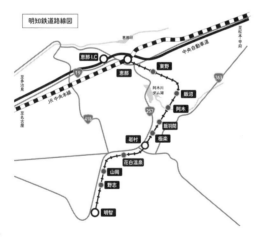

明知鉄道

　岐阜県の明知鉄道の歴史は明治 35 年から始まる。昭和 9 年に旧国鉄の明知線として、岐阜県恵那市にある中央本線恵那駅を起点として、中津川市阿木駅を経由し明智町の明智駅までの 25.1㎞を全線開通した鉄道で

ある。地域の通勤通学利用者にとって、また貨物輸送として重要な路線であったが、マイカーやトラックの普及によって利用は減っていき、昭和43年には、廃止か自動車輸送に切り替えるべきとの意見が出た。そして、国鉄としては存続することができず、昭和60年に第三セクター方式による地方鉄道として明知鉄道が開業し今に至っている（写真1、2）。

写真1　明知鉄道恵那駅

写真2　明知鉄道の列車

　一方で、中央自動車道の岐阜県・中津川インターチェンジと瑞浪インターチェンジの開通が昭和50年である。この高速道路が東濃の発展に大きく寄与したことは言うまでもないが、明知鉄道にとっては厳しい時代の幕開けでもあった。

　明知鉄道は昭和62年、沿線の山岡町の協力で名産の寒天を使った料理を提供するための食堂車・寒天列車ヘルシートレインの運行を開始した。こうした企画は当時の地方ローカル鉄道では初めての試みであり、この成功がその後の多くの地方鉄道の企画に大きな影響を与えた。寒天列車に続いて、きのこ列車やじねんじょ列車など、季節ごとに沿線の特産品を使った料理を提供する企画が次々に人気となり、またリピーターの確保に繋がった。特筆すべきはこの食堂車で提供される料理がいずれも豪華で美味しいことである（写真3、4、5）。いわゆる列車内で食べる「お

弁当」ではなく、まさに「料理」である。じねんじょ列車では、料理人が同乗して車内でじねんじょを擦って提供するという徹底ぶりである。沿線には素晴らしい景色や興味深い駅などがあり、写真も撮りたいところであるが、恵那駅から明智駅までの約一時間の旅は料理を食べつくすことに集中してしまい、あっという間に終わる。このため、沿線の名所は明智駅からの帰路で途中下車しながら見学することになる。

Highway & Rail で楽しむ

　この魅力的な明知鉄道に乗るには「鉄」であればJRで恵那駅へ行き、乗り換えるであろう。しかし、ローカル線を楽しむという目的だけならばHighwayＲailをお勧めしたい。明知鉄道の起点である恵那駅にむかう手段として、中央自動車道を使うのである。恵那インターチェンジを出て恵那駅へ向かうと、駅前に大きな公共駐車場があるのでそれを利用して、鉄道の旅を始めるという具合である。明智駅までは、食事と車窓から農業景観日本一になった景観を堪能する。中央自動車道の岐阜県区間も山々の美しい景色が展開するが、ローカル列車とドライブで味合う景色はまた違う。こうしたことに気が付くのもHighway & Rail の良さかもしれない。

　改めて、明知鉄道沿線のみどころを紹介しよう。明智駅（写真6）を出て少し歩けば、日本大正村で大正文化に触れられる。復路では岩村で途中下車する乗客が多い。ここは岩村城、そして重要伝統的建造物群保存地区があり、古い商家や武家屋敷の街並みの散策が楽しい（写真7）。資料館や酒蔵も見所である。岩村の商店街はNHKの連続テレビ小説「半分、青い。」の舞台地であり、また令和5年公開の映画「銀河鉄道の父」のロケ地でもある。次に乗る列車の時刻を気にしながらの散策ではあるが、マイカーを手放しているからこその観光である。また山岡駅では農村風

写真3　寒天列車　ほとんどの料理に寒天が使われている

写真4　じねんじょ列車

写真5　じねんじょがふんだんに使われている

写真6　明智鉄道明智駅

景・田んぼ de アートが楽しめる（写真8）。明知鉄道は「走る田園博物館」
と称しているが、実際その通りで、飯羽間駅周辺では農村景観日本一に
選ばれた風景が続くなど、本当に各所見所が多い。列車の時刻表を見な
がら途中下車観光を楽しみ、恵那駅の駐車場に戻る。自動車であれば途
中お土産をたくさん購入してもそんなに気にならないというものである。
恵那にそのまま滞在するのであれば、車で風光明媚な恵那峡へ足を延ば
して宿泊するのも良いだろう。また Rail から Highway に戻って、中央自
動車道の中津川インターへ向かうと、そこから馬籠に寄り、さらに深い
歴史の街に浸ることも勧めたい。

　このように Highway & Rail は高速道路を活用した自動車の利便性をも

とに、観光資源である鉄道と組み合わせつつ、新たな旅行スタイルを提
供する。

写真7　岩村の町並み

写真8　田んぼ de アート

　明知鉄道の話に戻るが、現在の利用者の約6割は高校生などの通学利
用である。それ以外では地域住民の買い物等の利用が多少あるものの、
ほとんどは観光利用である。少し前のコロナ禍といわれた時期を除いて、
年間平均約1万人以上の観光客を集めている。令和5年3月にはじねん
じょ列車の中で、過去最高の集客に成功したという。この数字は「鉄」
系の人達だけでなく、多様な嗜好を持つ人々の集まりであろう。今後、
自動車系の人達も巻き込める魅力的な企画が生まれる可能性があるので
はないか。

Highway & Rail でローカル鉄道応援

　日本の高速道路は充実し、自動車を運転して自由に目的地へ行ける環
境が整ってきた。モータリゼーションという言葉はもう古臭いものになっ
たが、それがローカル鉄道に厳しい逆風を吹き付けたことは確かである。
個々人には縁もゆかりもない地域の鉄道であっても、廃線のニュースに
触れると残念な気持ちになるのは、効率や合理性だけで説明できない何

らかの価値をそこに見出している人が多いということであろう。しかし、感情論だけで不採算を続ける鉄道を存続させることは不可能である。かつて Highway が Rail から客を奪ったのであれば、今度は Highway が Rail にローカル線の客として自動車利用者を送り込むことができる時代ではなかろうか。Rail が単なる交通手段ではなく、観光資源として存在するのであれば、Highway と共存し繁栄することもできるはずであろう。

　どこでも明知鉄道のようにはいかないと思われるかもしれないが、歴史あるローカル線を持っている地域は、テーマパークのアトラクションを抱えているようなものである。そこに行きたくなる気持ちになれるように、「鉄」はもとより「鉄」でない自動車愛好家にもアクセス情報を届け、今までにないハイブリッドな観光方法を提案してみてほしい。

本稿を記すにあたり、明知鉄道株式会社の伊藤温子氏には資料提供等ご協力頂きましたこと深く感謝致します。
＜注＞写真はすべて筆者撮影

【略歴】

水尾　衣里（みずお　えり）

名城大学人間学部教授。愛知県出身。専門は建築学、都市計画学。名古屋大学大学院工学研究科建築専攻博士後期課程単位修得満期退学。工学博士（東京農工大学）。日本建築学会、日本エネルギー学会に所属。NHK経営委員（2019 〜）、NHK 監査委員（2021 〜）愛知県公害審査委員会・委員、岡崎市建築審査会・委員等歴任。

高速道路利用促進・需要調整に資する観光地域づくり

清水　哲夫

1　観光振興にとって高速道路はどのくらい重要か？

　日本居住者による観光などの生活圏を超える移動の主要な交通手段は何であろうか？　観光庁が毎年実施している「旅行・観光消費動向調査」で確認してみると、2022年現在、観光・レクリエーション目的で最も長い距離を利用した交通手段について、日帰りでは68.9%、宿泊では59%が自家用車やレンタカーとなっている。国土交通省が5年おきに実施する「全国幹線旅客純流動調査」では、現在公表されているもので最新の2015年版では、休日に生活圏を超える交通の80%強が自動車によるものとなっている。すなわち、少なくとも日本居住者にとっては、高速道路を核とした観光振興施策は大変重要な意味を持つ。

　また、航空を利用して大都市圏ではない地域を訪問する場合も、レンタカー利用は多いし、インバウンド観光客のレンタカー利用も増えてきている。運転免許証を返納する高齢者や運転免許を持たない若年層の存在もあるが、短期的には地域の観光周遊は自動車を中心としたものであり続けることを疑う余地がない。

　先の全国幹線旅客純流動調査では、生活圏を超える移動について、300km未満の移動が75%以上を占め、そのうち90%程度が自動車を利用している。これらの多くが高速道路を利用していると想定される。高速道路が抱える課題として、①大都市圏郊外区間の休日における渋滞、②地方部を中心とした利用者数の少ない区間の存在、の2点が挙げられる。①については、連休初日や土曜日の午前中に郊外方面が、連休最終日や日曜日の夕方に都心方面で激しい渋滞に見舞われる。特に後者の渋

滞対策として、渋滞箇所の拡幅工事を繰り返し実施してきたが、別の箇所が新たに渋滞するようになるなど、本質的な課題解決につながっていない。②については、ETC 利用者に対する料金割引を核とする利用促進策を実施してきたが、地域への来訪需要の拡大に結びついたとはいい難いだろう。これら 2 つの問題は、高速道路利用の需要を"戦略的"に誘導することによって、短中期的には解決できる余地がある。すなわち、混んでいる時間帯・箇所から混んでいない時間帯・箇所に需要を移すことが対策の柱になり、この対策を条件に、（自動車を利用する）観光需要の総量を増やしていくことが必要なのである。

　視線を観光地域内の道路ネットワークに移しても、課題と解決策の基本に変わりはない。特定地域に短時間で観光客が集中して、激しい道路渋滞を発生させないように、観光需要を分散させる必要がある。

　要は、特定の観光地や観光地点に来訪者が集中しないように、観光地の道路ネットワークの形状や容量を考慮しながら、新しい観光資源を戦略的に形成していけばよいのである。本稿では、そのために地域観光振興にどのようなマネジメントや考え方で臨む必要があるのか論じたい。なお、その考え方の一端については、筆者がいくつかの文献で紹介しているので、入手可能であればそちらも参考にされたい。

2　観光地域づくりの組織化に関する施策動向

　この 10 年間程度、観光地域づくりに関する考え方が大きく変化してきている。古くから地域の観光振興の担い手として観光協会が存在してきたが、どちらかといえば観光地内の事業者のための公的な組織体であり、その活動内容には地域に根ざした既存事業者の声が反映されやすい構造にあった。また、観光協会の所掌範囲は観光地区や自治体ベースであり、その範囲を超える活動は本質的に難しかった。一方、観光客目線で考え

れば、一度の旅行で近隣の複数観光地を同時に訪問することはよくあることであり、より広域の観光づくりに責任を持つ組織の必要性は増していた。

この課題にはじめに取り組んだ施策事例として、観光庁が実施する観光圏制度がある。21 世紀に入ってから、日本居住者の国内旅行日数や泊数の継続的減少傾向への対策として、2008 年に「観光圏の整備による観光旅客の来訪及び滞在の促進に関する法律（観光圏整備法）」を施行し、滞在促進地域を中心とした広域の観光圏域を形成しようとしたものである。その後、観光圏における情報提供や商品販売の担い手として観光地域づくりプラットフォームを位置づけ、その設立を支援する制度が開始され、本稿執筆時点で全国に 13 ある観光圏の設立基盤となっている。この過程で、観光圏を世界的にも認知されるブランドに位置づけるための「観光地域ブランド確立支援制度」が展開され、各観光圏は将来のブランド化を意識した誘客コンセプトを策定するとともに、それに基づいた滞在プログラムの構築に取り組んできた。

一方、マーケティング等に基づいて地域の観光戦略を策定する組織として、Destination Marketing/Management Organization（DMO）が欧米豪で広く展開されるようになったことを踏まえ、日本でもその制度設計が開始され、2016 年に日本版 DMO の制度が始まった。その後、観光地域づくり法人（DMO）と名称が変更され、本稿執筆現在、全国で 282 組織が登録認定を受けている。観光地域づくり法人は、「地域の「稼ぐ力」を引き出すとともに地域への誇りと愛着を醸成する地域経営の視点に立った観光地域づくりの司令塔として、多様な関係者と協働しながら、明確なコンセプトに基づく観光地域づくりを実現するための戦略を策定するとともに、戦略を着実に実現するための調整機能を備えた法人」のことであり、実行する環境整備を行いながら主としてインバウンド振興

戦略を策定することが本務となる。ちなみに登録DMOは、戦略を策定する地域範囲に応じて広域連携（複数都道府県）、地域連携（複数市区町村）、地域（単独市区町村）の3つの区分に分類されている。

観光地域づくり法人（以下、DMO）であれ、観光圏であれ、地域づくりや誘客のコンセプトを、住民を含めた地域の関係者で真摯に議論し、それに合った観光地域づくりが求められるようになっていることに留意する必要がある。

3 近年の観光地域づくりに必要な視点

インバウンド需要の回復に応じて、地域ではオーバーツーリズムの問題が再度認識され始めている。コロナ禍で、観光客と観光事業者は地域に感染症を持ち込む存在として"悪者"扱いされたことも記憶に新しい。近年盛んに言われている"持続可能な観光"の実現のためには、地域経営に対して観光の持つチカラを中長期的に活用できる環境を整えることが不可欠であり、例えば、DMOや自治体が汗をかいて、地域コミュニティーの多様な主体に観光振興のメリットを正確に理解してもらう行動を繰り返し行い、度を越さない混雑は許容してもらうような関係性を構築することが望まれる。

また、持続可能な観光の視点として、地域あるいは地球の環境を保全するような意識への転換が必要である。観光に起因する廃棄物を極力削減する努力はもはや常識であるし、カーボンニュートラルの流れの中で、観光関連施設によるエネルギー利用を少なくしたり、自然由来のものを使用したりする地域の取り組みは増え始めている。一方、冒頭に述べたように、現在の国内観光市場は自動車利用に著しく頼っている現状があり、地域による化石燃料使用削減の多面的な努力を無駄にしないよう、観光交通政策を早急に考える必要がある。少なくとも燃料消費量の増加

につながる道路渋滞は徹底的に削減していくことが求められる。

　そして、地域の多様な主体に観光の重要性を理解してもらうために、DMOや観光協会を中心に、地域の伝統・文化や産業をできるだけ観光資源として捉え、これらを多面的に組み合わせた地域主導の旅行商品へと展開していく努力も求められる。国や地域の観光政策の代表的な目標値として「観光消費額」が挙げられるが、消費されたサービスや商品の形成に地域外の資源を多く使用してしまうと、せっかく得た収入の多くが地域外への支払に消えてしまう。そのため、観光消費額に、原材料の地域内からの充当状況を表す「域内調達率」を乗じた「観光生産額」を高めることが本当の目標であるべきである。そして、観光消費額は「一人あたり観光消費額」と「来訪客数」の2つ掛け算であり、観光生産額を増加させるためには3つの増加要因を組み合わせる戦略が必要となる。

　観光庁を始めとしたいくつかの省庁が近年展開した観光振興関連支援事業には、DMOなどに地域の観光生産額増加戦略を目指してもらうような狙いがあった。例えば、観光庁が令和2年度3次補正予算で実施した「地域の観光資源の磨き上げを通じた域内連携促進に向けた実証事業」は、これまで地域の観光に巻き込んでいなかった新たな関係者を取り込んで新しい観光資源を形成する取り組みに対する支援事業であり、採択された415団体が地域内の観光事業者層の拡大に取り組んだ。一人あたり観光消費額を高める取り組みとして、サービスや商品の高付加価値化を図るような事業も複数取り組まれている。持続可能な観光、DX化、受入環境整備を展開するための支援事業も多数展開され、これらの事業を適切に活用したDMOや観光協会は、このコロナ禍前後からの5年間程度の間で、誘客コンセプトに基づいた商品・コンテンツ作りの経験値が増加しているものと考えられる。

4 高速道路利用促進・需要調整のために観光地ができること

最後に、ここまで論じてきた内容をまとめ、高速道路利用促進や需要調整のために観光地域づくりが取り組むべきことを提示したい。

まずは高速道路の大都市圏郊外区間の交通渋滞を解消するために、特に帰宅交通の利用時間帯を分散させる必要がある。そのためには、（人手不足の対応は別途考える必要があるが）観光地内の施設の一部の営業時間をできるだけ延ばし、ナイトタイムコンテンツの導入と併せて、夕方から夜間の観光地滞在の魅力向上策を検討したい。高速道路のボトルネックに渋滞時間中に到達する帰宅需要の5％が4時間遅い時間に出発したり、渋滞手前の観光地についでに4時間程度でも立ち寄ったりしてもらえば、実は深刻な渋滞は発生しないのである。夕方・夜間に営業する施設が増えれば、自宅から観光地へ向かう出発時刻を後ろ倒ししてもらえる可能性もある。

例えば、筆者も部分的に協力している近年の取り組みとして、山梨県を舞台にNEXCO中日本と大学・地域企業・DMOが連携する「スイスイ旅」がある。これは、アプリから施設情報と帰宅時の渋滞予測情報をセットで提供して、観光客の滞在時間や消費額の増加を狙うものである。アプリ利用時に、システムが立ち寄り行動のミッションを利用者に提示することで、その狙いを達成しやすくするゲーミフィケーションの工夫が見られる。そしてこの仕組みは、渋滞対策としてだけではなく、観光地の新たな観光資源に効果的に誘客する施策にも応用可能であると考えられる。例えばオーバーツーリズムに苦しむ地域で、需要集中を避けるために、他の観光資源の情報を、来訪した場合のメリットを付けて提供するような使い方である。

途中で高速道路を降りて観光地に立ち寄る行動を促進するために、関連施設の営業時間の延長に加えて、やはり通行料金割引をセット検討し

たい。例えば、地域の商工会と連携して、この施策による関連施設の増収分の一部を高速道路会社に還付して割引による損失の一部を埋めるような発想があってもいい。

逆に利用促進を図る区間については、Mobility as a Service（MaaS）のようなイメージのサービス展開を考えることがやはり重要だろう。先に紹介した観光地域づくりの取り組みを熱心に行っている DMO 等と連携して、彼らが開発した新たな観光資源の消費に必要な料金と周遊ルートの通行料金をセットに特別価格で販売し、ターゲットとする高速道路区間や経路の通行台数増加を図るのである。これは既存の高速道路割引プランの取り組みを、DX 化と併せてより多様な地域・資源に拡大していくようなイメージである。

以上の取り組みの考え方を実行するために、NEXCO を代表とする高速道路会社が観光地域づくり組織とより深く協働していくことが求められる。省庁による観光地域づくり活動への支援メニューが充実した今日、今後の「高速道路利用・観光・地域連携推進プラン事業」は高速道路事業との連携をより図っていくような事業プランを中心に支援していくことが望ましいのでないだろうか。そして、今後の高速道路会社の経営戦略にも新たな一石を投じることになるものと期待したい。

<参考文献>

清水哲夫（2012）『新東名開通を機に改めて観光交通需要マネジメントを考える』高速道路と自動車 55 巻 10 号

清水哲夫（2014）『観光振興への高速道路の貢献～データから考える「これまで」と「これから」』人と国土21 40 巻 1 号

清水哲夫（2015）『高速道路の渋滞軽減に資する沿線観光資源の活用に向けて～統計・位置情報データ分析からの示唆』人と国土21 40 巻 5 号

清水哲夫（2016）『これからの地域観光振興に対して高速道路に期待すること』高速道路と自動車 59 巻 11 号

清水哲夫（2022）『"Tourism ×カーボン・ニュートラル"〜観光部門に突きつけられる難題』x Tourism（JTB 総合研究所 Web コラム）https://www.tourism.jp/tourism-database/column/2022/07/carbon-neutral/

<ウェブサイト>（2023 年 11 月 5 日時点）

観光庁『旅行・観光消費動向調査』

https://www.mlit.go.jp/kankocho/siryou/toukei/shouhidoukou.html

国土交通省総合政策局『全国幹線旅客純流動調査』

https://www.mlit.go.jp/sogoseisaku/soukou/sogoseisaku_soukou_fr_000016.html

観光庁『観光地域づくり』サイト

https://www.mlit.go.jp/kankocho/shisaku/kankochi/index.html

スイスイ旅山梨版

https://www.suisuitabi.org/ スイスイ旅山梨版

【略歴】

清水　哲夫（しみず　てつお）

東京都立大学都市環境学部観光科学科教授、金沢大学先端観光科学研究所特任教授（クロスアポイントメント）、（公社）日本観光振興協会調査研究部門総合調査研究所所長（非常勤）。1970 年生まれ。東京工業大学大学院修士課程修了、博士（工学）（東京工業大学）、東京工業大学工学部助手、東京大学大学院工学系研究科助手、助教授、准教授を経て現職。（公社）土木学会、（公社）日本都市計画学会、（一社）交通工学研究会、（一社）日本観光研究学会の研究委員会等で役職を務め、現在日本観光研究学会理事・編集委員長。

テーマ型観光の本質的な
ゴールとはなにか

波潟　郁代

1　旅のあり方の変化と、新しい交流創造

　旅の情報誌「るるぶ（JTB パブリッシング発行）」は「見る・食べる・遊ぶ」をコンセプトに日本と世界の観光情報を提供し、2023 年 6 月に 50 周年を迎えた。公式ウェブサイトをみると、今後、「るるぶ」は従来のコンセプトに「知る・つくる・学ぶ」を加え、旅とともにライフスタイルの情報・サービスを広く伝えるとあった。旅は非日常のひと時の楽しみから、個々人の人生や日常を心豊かなものにする手段になっている。

　さて、るるぶの「知る・つくる・学ぶ」というコンセプトを知ったとき、まず浮かんだのが筆者の故郷である新潟県の中央にある燕三条地区である。とはいえ同地区は観光地ではなく、「るるぶ燕三条」が存在するわけでもない。昔から金属加工のものづくりで知られ、近年は「工場（こうば）」を資源とした交流創造によるまちの活性化を推進している。2013 年から地域が一体となって地元の工場を一般見学者に約 4 日間開放するオープンファクトリーのイベント「燕三条　工場の祭典（以下、工場の祭典）」を開催し、まさに「知る、つくる、学ぶ」を体現しているのだ。

　ひいき目も多少あるが、同地区の「ものづくり×交流創造」の取り組みで感心するのは、商品自体の満足度から消費者の日常を豊かにする実感価値へのニーズの変化に上手く応えていること。さらに、イベントの成功だけではなく、ものづくり産業の活性化を本質的なゴールに据え、交流創造というツーリズムの力を上手く活用していることである。その結果、スキー場や温泉などスタンダードな観光地で知られる新潟県の中で、燕三条はエッジの効いた個性的な存在になっていると感じる。

以降では、地域密着型のテーマ型観光が地域全体の活性化にもたらす理想的な影響について、燕三条の「ものづくり×交流創造」を事例に、JTB総合研究所とナビタイムジャパンとの共同研究（2018年　筆者参加）を織り交ぜながら考えてみたい。

2　テーマ型観光が広がる社会背景

まず、「ものづくり×交流創造」をはじめとするテーマ型観光が日本の観光に受け入れられた背景について整理した。2000年代に入り、以下の3つの動きが相互に作用したことが後押ししたと考えられる。

1　国をあげた観光立国推進と観光振興の主体の地域シフト
2　経済のサービス化、ものづくり産業のサービス化
3　インターネットの普及とデジタル化社会への移行による旅行者の志向の変化

国をあげた観光立国推進と観光振興の主体の地域シフト

国をあげた観光の本格的な取り組みの歴史はそう長くなく、2003年の観光立国宣言がはじまりだ。2007年に「観光立国推進基本法」が施行、第一次観光立国推進基本計画が閣議決定された。同計画には旅行者ニーズの多様化への対応、そして、"地域活性化のため"の新たな旅行需要の創出に地域密着型ニューツーリズム（テーマ型観光）の促進が必要とあった。

当時の課題に、発地主体のマスツーリズム的な大手の大量規格商品を中心とした流通の現状、地域でのノウハウの蓄積不足などがあった。国はこれらの解決のための実証事業を行い、2012年には旅行業の登録種別に「地域限定旅行業者」を設定、地域で柔軟な企画商品の造成と募集販売を可能とした。その結果、様々な事業者が観光客の集客事業に参入可

能になり、「地域限定旅行業者」の登録数は2014年の45から2023年4月現在で623と増加した。一方で第1種旅行事業者は2016年の708から2023年の627へと減少（観光庁）。国をあげた観光振興は、この10年余りで事業主体やリソースが中央から地域へシフトしたことがうかがえる。

経済のサービス化、ものづくり産業のサービス化

　日本経済は低成長期が続き、それまで高性能な製品を作り、経済をけん引してきた国内の製造業は成長著しいアジア新興国の安価な類似商品に押されるようになっていた。同時に世界は経済のサービス化がうたわれる時代になり、ものづくり産業でも「ものを作って売って、満足してもらって終わり」ではなく、「もの」に付随するサービスや情報を提供し、利用者が生活の中で得られる充足感、実感価値を高め、顧客ロイヤリティを上げることが重要になった。MaaSに関わる交通機関や自動車メーカー、家電メーカーによる食材宅配サービス、グランピングやキャンプ場の運営を手掛けるアウトドアメーカーなど様々な事例が生まれている。

　サービス化は手間はかかるが真似されにくく、ブランディングや独自の高付加価値の創出につながる。故郷の三条市には有名アウトドアメーカーの本社があり、郊外で運営するキャンプフィールドには遠方から多くのファンが集まる。オープンファクトリーも顧客と直接対話できるマーケティングの場となり、顧客ロイヤリティをあげる機会といえるだろう。交流創造というツーリズムの視点は、産業全体の活性化の機会でもあるといえる。

インターネット、SNSの普及と旅行者の行動

　かつて、旅行情報は観光地の関係者や企業がガイドブックやホームページで一方的に発信し、それを参考にする旅行者の行動は定番なものにな

りがちだった。しかし、SNSの登場は情報発信者を生活者、旅行者に広げ、旅行者の関心は多様化し、行動範囲は旅先の観光エリアから生活エリアへと拡大した。近年は投稿動画が情報源としての存在感を高めている。若者を中心に、旅のきっかけは行先ありきではなく、興味あるテーマに出会ってから行先が決まる目的志向が高まりつつある。ニッチなテーマも旅のきっかけになり、SNSによる情報拡散で市場を形成しやすくなった。

　消費者（旅行者）と企業（観光地）との関係も変化した。SNSで緩やかにつながり、ユーザーも企業や観光地のブランディングに参加するしくみができたとともに、旅行に行かない時もつながることが可能となった（図1）。

　以上のような動きの中で、燕三条の「ものづくり×交流創造」に象徴されるテーマ型観光の取り組みが始まっていった。

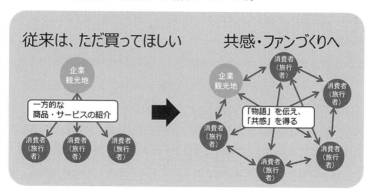

（図1）企業（観光地）と消費者（旅行者）の関係の変化
出所：JTB総合研究所　進化し領域を拡大する日本人の国内旅行（2019）

3　燕三条地区における「ものづくり×交流創造」

3.1　新潟県燕三条地区について

　燕三条といえば、上越新幹線の「燕三条」という駅名が浮かぶ。北陸

自動車道も通り、インターチェンジの名称は「三条燕IC」。県内、首都圏、そして隣接県と交通アクセスに恵まれた地域といえる。自治体は別で、三条市（2023年9月現在、人口9万3千人）と燕市（同、人口7万7千人）という隣接した2つの市からなる。

　両市はともに金属加工を中心としたものづくりのまちである。三条市は「金物」、燕市は「洋食器」で知られ、作業工具・刃物関連、金属洋食器、金属ハウスウェアなどを生産している。自治体は別だが、産業振興に関わる活動は一体で行う機会が多く、県を含む行政、両商工会議所、業界団体などで構成する「（公財）燕三条地場産業振興センター」が設置されている。

3.2　歴史に支えられ研鑽を積んだものづくりのDNA

　同地域のものづくりは、江戸時代初期に信濃川の氾濫に苦しむ農民が副業として始めた和釘づくりがルーツといわれる。鍛冶専業集団が誕生し、三条は三条鍛冶へと発展、全国を歩く金物卸商人の情報をもとに商売を広げた。燕は、1700年代に近隣の間瀬銅山で良質な銅が採れたことから鎚起銅器やキセル、ヤスリづくりが始まった。キセルとヤスリは明治末期に機械化による大量生産に成功し、その技術が20世紀初頭の戦争が続く欧州に認められて洋食器の生産輸出が始まり、現在に至る。

　子供の頃の筆者の記憶は、地場産業は常に順風満帆というわけではなく、為替変動で輸出に打撃を受けている様子が時々報道されていた。しかし21世紀に入ると、高い金属加工技術力が評価され、海外の有名IT企業に商品のデザインの要となる部品を提供する会社、あるいは爪切りがフランスでヒットした会社など話題にあがることが増えていった。経営者も代替わりし、海外の展示会へも積極的に出展、また自社で工場見学を始める会社が広がっていった。

3.3 交流創造の担い手はものづくり関係者

　一般的に観光振興の主たる担い手は宿泊業者、DMO や観光協会などの観光関係者である。一方で、燕三条地区の「ものづくり×交流創造」に取り組む人たちの多くは、ものづくり関係者で占められているのが特徴だ。工場の祭典の主催も前述の、（公財）燕三条地場産業振興センターである。運営は 2022 年までは工場の祭典実行委員会が行っていたが、2023 年の開催から任意団体「ＫＯＵＢＡ」による受託運営に変わり、コンセプトデザインと内容が一新された。同組織は地元の若手経営者たちがものづくりの支援のために設立したもので、これまでの認知拡大から、ものづくりの次なる成長を考える段階へフェーズを移したと理解できる。

　観光事業者が交流事業を行う場合、旅行者が快適に見学できるか、どれだけ参加者数を伸ばせるかが重要視されるのが一般的だ。その結果、観光客向けにアレンジされた内容になることも少なくない。燕三条の場合は、観光従事者と違うビジネス感覚で、自分たちのものづくりに共感する人に、多少の不便はかけても、ありのままを見せたいという意識が一貫して感じられる。これがむしろ本物の価値を高めるとともに、地元工場の理解と協力を得やすくし、持続性を高めると感じる。地域側が来てほしいと望む、いわゆる質のよい来場者を呼ぶ意識をするということも、これからは大切なことと思う。

4　継続的な活動によるまちの変化

4.1　来訪者の広域化

　2013 年に始まった工場の祭典は、初年度の 54 の参画工場、1 万人の来場者から年々拡大し、県外からの来場者数も伸長した（表 1）。2017 年の第 5 回開催時の経路検索の出発地分布では、既に全国から関心が寄せられていたことが分かった。公共交通機関では北海道から福岡におよ

び、自動車利用は新潟県との隣接県、および関東、北陸地方が多かったが、関西からも確認され、高速道路網の利便性が功を奏したといえる。

	2013年	2015年	2017年	2019年	2022年	2023年
参画工場数	54	68	103	113	85	87
来場者(人)	10,708	19,312	53,294	56,272	33,514	29,770
県外者率(%)	38.6	37.1	36.1	27.0	28.5	31.7

（表1）燕三条　工場の祭典　来場者数推移（抜粋）
引用：燕三条工場の祭典　アーカイブサイトおよび（公財）燕三条地場産業振興センターへのヒアリングより開催年を抜粋して作成

4.2　10年のまちの変化

　10年以上に渡る同地区の取り組みは、年1回のイベントの直接効果以外にも様々な影響をもたらしたようだ。ある会社は、イベント時以外も常時見学を可能とする工場の整備に投資し、またある会社は都内の直営店や有名商業施設などで、機能的かつデザイン性に富む商品を揃え、様々な顧客と接点を持つリアルなブランディングの場づくりなどを行っている。以下の3点も長い取り組みの中で進化した象徴的なことと思われる。

① 　ふるさと納税の受入額の大幅な増加（表2）

② 　伝統工芸の会社から地域限定型旅行会社が誕生

③ 　次世代のものづくり人材を育成する三条市立大学の設立（2021年）

　特に②について、燕市で200年の歴史を持つ鎚起銅器の製造会社「玉川堂」の営業部長の山田立氏が工場見学ツアーの企画募集を目的に、「㈱つくる」を2018年に設立し、地域限定旅行事業者の登録をした。同氏は過去に何度か工場の祭典の実行委員長を務めた。観光振興、特にテーマ型観光には様々な分野の民間の力が不可欠だが、山田氏のように自社だけではなく地域全体のために動け、専門分野と観光分野のスキルをバランスよく保持し、調整できるリーダーの存在は地域にとって大きいと思う。

一方で、玉川堂の7代目社長の玉川基行氏は20年前から海外見本市に参加し続け、訪日客も受け入れている。将来、玉川堂の商品を体験できるオーベルジュを開業するビジョンを持ち、山田氏の㈱つくるを支援している。

	2013年		2022年	
	金額	県内順位 （30市町村中）	金額	県内順位 （30市町村中）
三条市	2,634	16位	5,055,441	3位
燕市	265	25位	5,494,879	1位

（表2）ふるさと納税受入額比較　　　　　（単位千円）
出典：総務省　令和5年度ふるさと納税に関する現況調査について
各自治体のふるさと納税受入額及び受入件数から作成

5　持続的なものづくりのまちと交流創造とは

　コロナ禍では、感染防止のために交流事業が止まった。コロナ禍を経て、特に地方の中小都市では少子高齢化や大都市への人口流出の加速が懸念されるが、観光地ではない地域ほど、交流促進による地域活性の意義を改めて問い、交流促進に取り組むべきと考える。最後に、燕三条の事例から、交流創造（ツーリズム）の視点で今後の展望を考えたい。

　1つは、「イベント以外の361日」をどのように魅力的なまちにするかである。イベントをきっかけに再訪したくとも、平時は訪問可能な箇所が少なかったり、体験ができなかったりと目的地になりにくい。基本情報も少ない。それを補うためには常時工場見学を実施している各企業のリアルタイム情報がワンストップで確認できる工夫が必要だろう。オンラインを活用した平時のファンづくりや情報発信も必要である。また、互いに取り組みが共感できる県内の他地域と連携することも一案だ。例えば、同地区を取り囲む広い越後平野の田園地帯や里山をコンテンツと

して、アドベンチャーツーリズムの要素（自然、アクティビティ、文化体験）の中の文化体験に取り組み、高付加価値、高価格の商品で目的地となる取り組みも可能ではないか。

2つめは環境保護についてである。2023年に参加した燕市商工会議所のシンポジウムでは、同地区のビジョンはインバウンドを視野にホスピタリティを高めるとあった。特に欧州はCO_2排出ゼロの取り組みが進み、生活者の環境意識も日本に比べて高い。欧州の旅行会社が契約にあたり、日本の観光事業者に、環境配慮のレポートを求めるケースが増えている。燕三条は豊かで美しい田園地帯に囲まれたものづくりのまちだからこそ、環境に配慮した取り組みと一体化する必要がある。

テーマ型観光は、決して観光産業のためだけではない。足元の交流拡大と地域全体の持続的な発展と両面で考えていく必要がある。

＜参考資料＞

ＪＴＢ総合研究所　「ものづくりのまち三条 が輝き続けるための調査研究」(2018)

https://www.tourism.jp/tourism-database/survey/2018/05/miraichizu-sanjyo-1/

ＪＴＢ総合研究所　「進化し領域を拡大する日本人の国内旅行」(2019)

https://www.tourism.jp/tourism-database/survey/2019/09/japanese-tourism-changing/

ＪＴＢパブリッシング　るるぶ50周年

https://jtbpublishing.co.jp/campaign/rurubu50th/

燕三条　工場の祭典２０２３　https://kouba-fes.jp/

三条市、燕市各公式サイト

観光立国推進基本計画（1次〜4次）

【略歴】

波潟　郁代（なみがた　いくよ）

西武文理大学サービス経営学部教授。1988 年㈱日本交通公社（現 JTB）入社。支店長、グループ本社広報室長を経て、2012 年㈱ JTB 総合研究所企画調査部長、2015 年同　執行役員企画調査部長。メディアリレーションズおよび観光マーケティング、生活者行動を研究。2023 年 4 月より大学に出向。JTB 総合研究所客員研究員。

「高速道路交流推進財団／
観光資源活用トータルプラン」
行ってみたい茶源郷づくりによる
観光振興を振り返って

和束町雇用促進協議会　木村　宣

　平成20年、和束の町にセンセーショナルな出来事が起こりました。生産農家にとっては、農地だった茶畑が、京都府の景観資産に登録されるということになりました。

　この出来事が、和束町が観光業に参入するきっかけとなった大きな要因ではあります。

　現在はこの景観が認められ、平成23年には、京都府が世界文化遺産登録検討委員会を設置し、平成25年には、この景観を「日本茶のふるさと宇治茶生産の景観」とし、京都府山城地域12市町村と共に、世界文化遺産への申請登録を目指すことになりました。平成25年には、「日本で最も美しい村連合」に登録認定され、平成27年には、文化庁の「日本遺産」に認定されました。

　今では「関西の絶景」として、観光雑誌などにも掲載されるようになっています。とは言っても、単純にそこに「生業の茶畑景観」と言う景観資産があったから、現在の和束町の観光業が成立したわけではありません。

「日本遺産」に認定された「生業の茶畑」景観

少し話を変えますが、和束町の基幹産業である茶産業に目を向けると、鎌倉時代から続く京都府最大の宇治茶の産地でありながら、全国の地方の自治体同様、少子高齢化による後継者不足や、宇治茶市場への大手外資系企業の参入による市場の不安定化、日本の風習である贈答文化の衰退等、茶産業にも変革の波が押し寄せていました。今までのように宇治茶の市場を通して、茶問屋にお茶を供給するという一つの流通形態だけでは、近い将来、茶産業を維持できない、そういう状況になるだろうということは、おおよそ予測はつきました。

　また和束町は、宇治茶の主産地で茶業界では全国でも屈指のお茶の産地でありながら、一般消費者に届くときは、全て「宇治茶」という問屋の商品として出回りますから、業界から一歩出れば、京都府民でも和束の地名を知らない人が殆どでした。私の中には、「お茶と言えば和束」、業界関係者だけでなく、全国誰でも知っている産地にしたい、そんな想いも抱いていました。

　その頃私自身は、和束町教育委員会に所属し、生涯学習を担当しておりましたが、生涯学習を通じて、いろいろな文化教室を開催するうちに、行政が主催するわけですから、受講された地域住民が、そこで学んだことを地域に還元できる場づくりが必要だと思い始めていました。

　生涯学習とは、「自分の好きなことを、好きな時に、好きなだけ学ぶことを通して、自己実現を図る」ことですが、地域住民自らの自己実現によって地域の中で活発に活動することで、地域の役割を果たしている状態をつくり、地域コミュニティの再生を図る。私はこれを「生涯学習のまちづくり」と位置付けています。

　「生業の茶畑景観」を活かし、茶産業の抱える課題を「生涯学習のまちづくり」によって、解決する。そういう仕組みができないか。そのためには、基幹産業である茶産業を補う新たな産業の枠組みが必要です。いわゆる

茶産業の6次産業化です。幸い和束町は、JAPANブランドとも言える宇治茶の最大産地であり、前述したとおり、その「生業の茶畑」が京都府の景観資産として選定された時期でしたので、この景観を含め、鎌倉時代末期から約800年間続く宇治茶の生産技術を生産文化として発信していく、茶産業を軸とした観光産業への参入を図れないかと考えました。

　そんな折、旧高速道路交流推進財団の「観光資源活用トータルプラン」という事業があることを知り、今まで温めていた企画を取りまとめ、平成24年度の公募に申請することにしました。企画書名は、「茶畑景観、茶文化、人とのふれあい体験を通じての行ってみたい茶源郷づくり」です。申請の結果、準グランプリとなり、1,000万円の事業資金をいただき、観光事業に着手することになりました。

　これまで和束町には観光産業は皆無でしたので、先ずは地域住民の皆さんにも観光業に対する理解をいただくことも大切でした。事業の内容は、茶畑景観を含む生産文化を通じて、地域住民と町を訪れる人たちの交流を重視したツアーの造成、域内交通手段となるレンタサイクル事業やウォーキングのための散策道の整備、観光マップやWEBサイトによる可視化、PRによる観光人口の拡大を図ること。そしてもう一つは、この機会を活かし、茶産業の抱えている課題を解決するため、和束の生産農家のお茶の産地直送販売を通じた、和束茶の地域ブランディングです。

　こうして平成24年度から和束町は、本格的に観光産業参入を目指した挑戦をスタートさせ、その結果、事業前の観光入れ込み客数が38,000人だったのが、観光資源活用トータルプラン終了時は81,000人、観光消費額は4,800万円だったのが、終了時は1億1,100万円と大幅に増加し、3年間で観光産業参入のための基盤づくりをすることができました。コロナパンデミックにより一時減少はしたものの、観光人口は年間178,000人（事業前の約4.7倍）、観光消費額も7億8,000万円（事業前の16.3倍）を

達成しました。

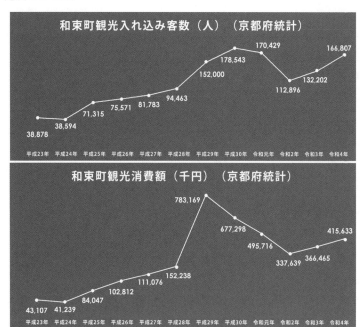

観光産業に着手するに当たっては、4つの仕掛けを準備しました。その一つは、小さな拠点づくりです。和束町は、今まで殆どのお茶を宇治の茶問屋に供給していたため、産地直売はないに等しい状態でした。和束茶の直売の店舗として、初期投資ほぼ「0」で開設したのが「和束茶カフェ」です。

「和束茶カフェ」は、お茶の研修用施設の空きスペースを活用し、和束茶に特化した直売所としてスタートしました。本来であれば、直売所ですから、出店者を募り、品揃えをしてオープンしますが、「和束茶カフェ」は直売所の場所だけを確保し、看板だけ掛けてスタートしました。直売所オープンの時に取材に来ていた新聞社の方が、「お茶の直売所と聞いて

来たのですが、ここで何を販売するのですか？お茶ですか、それとも喫茶店ですか？」と尋ねられたので、「進化するカフェです」と答えました。実は、そうしたのにも理由がありました。和束町には300件の茶農家があり、その殆どの茶農家は、先祖代々、宇治の茶問屋に茶を供給し、宇治茶ブランドとして生計を建てているわけですから、私のような素人が「和束茶で販売しましょう」と言ってもなかなか理解していただけません。多くの農家が集まる会合に出向いて行って説明したところで、たとえ興味を持っていただいてもその場で賛同していただける訳もなく、かといって300件の茶農家を一軒一軒説得するため、訪問する時間もありません。「和束茶カフェ」は、私と茶農家さんをつなぐという重要な役割を果たす場所でした。カフェと間違えて来店する茶農家さんや、和束茶というネーミングが気になって来店する茶農家さんに「ここで皆さんが育てた和束茶をそれぞれの屋号で、直接消費者に売りたいんです」と説明をすると「実は和束茶で売りたかった」「うちの屋号で売りたかった」という茶農家さんと出会える、そう思いました。そしてどうせやるなら、あえて出展者も募らず、品揃えもせず、同じ想いを共有する農家さんとチームを創り、一から一緒に和束茶カフェを進化させていきたいと考えたからです。

「地域住民と進化するカフェ」現在は、イートインコーナーも併設

開設したばかりの時

直売所として商品が増加

直売所を拡大　　　　　　　　　　カフェを併設

　二つ目は、和束茶ブランドの確立です。景観資産の「生業の茶畑景観」はあっても特産品がありませんでした。なぜなら和束のお茶の殆どが、「宇治茶」という茶問屋さんの商品になるからです。つまり「和束茶」という地域特産品づくりが必要です。そのためには、「宇治茶」と「和束茶」の違いを一般消費者に明確に伝えることが必要だと私は考えました。「宇治茶」は、茶問屋さんが和束を含む京都府内産の茶葉半分に他府県産茶葉をブレンドして味を調えた茶問屋の商品。一方「和束茶」は、和束産100％の各生産者のシングルオリジンティーです。つまり「和束茶」はワイナリーと同じなのです。和束茶をワインのように売ろう。これがブランドづくりの第一歩だと私は考えました。「宇治茶」と「和束茶」の違いを明確にしながらも、世間では「和束茶」の知名度はほぼ「0」からのスタートですから、ブランディング戦略として、誰もが知っている有名企業とのコラボイベントによる知名度UPを図ることにし、関西の財界人が迎賓館として使用した有名ホテルでの「和束茶フェア」を企画しました。

　企画の内容は、ホテルのフレンチレストランのコース料理、前菜からデザート全てに「和束茶」を使用していただく創作フレンチ、メニューカードには和束町長のメッセージを添えて、教育委員会の絵画教室でお世話になっていた先生に茶畑の挿絵、テーブルクロスにはお茶の葉のプレス

トフラワー、小学生にはクレヨンで「和束茶」自慢を三行詩、おじいちゃん、おばあちゃんには俳句をお願いして添えました。レストランの前には、「生業の茶畑景観」の写真を展示し、地域の方々が色々な形でまちづくりに参画できる工夫をし、「生涯学習のまちづくり」を実践しました。お陰様でこの取組みは、現在も「京都和束茶フェア」として定着し、毎年5月から6月にかけて2ヶ月間のロングフェアとして、開催されています。フェア開催当初、ゴールデンウィークには、八十八夜に合わせてホテルで呈茶会をしても、「和束ってどう読むの」「どこにあるの」とよく聞かれましたが、今では「和束知ってるよ、お茶の有名なところやね」「茶畑見に行ったよ」「今年のお茶のできはどう」等とお声掛けいただけるようになりました。現在京都のホテルでは、「新茶フェア」や「抹茶のスイーツフェア」等があちこちで開催されていますが、当時はほとんどなく、その先駆けとなったのが「和束茶フェア」であったと思います。

　三つ目は、修学旅行や研修旅行の誘致です。お茶の生産文化発信という観点を最大限に活用しながら、地域住民の皆さんにも観光業に対する理解をいただき、地域のより多くの方に経済的効果を実感していただき、そして、地域の皆さんと訪れた方々が少しでも交流できる機会を多くし、将来の移住定住につなげるための仕掛けです。

　当時、和束町には宿泊施設等はもちろんありません。そこで考えたのが「農村民泊体験」でした。元来観光業は、お客様に対して、非日常のおもてなしをするものですが、全く逆転の発想で、「会ったこともない他人の家で泊まる」「余計なおもてなしは一切しないで、普通の田舎での生活を体験してもらう」ことをサービスにする。これならすぐにも対応できる。つまり「不自由をサービスにする」ということです。幸い和束町は、国際文化都市である京都市と奈良市のほぼ中間に位置することから、関東方面からの修学旅行は、旅行の日程を変更しなくても対応できました。

令和元年には年間延べ2,140民泊を達成しました。これは単純に経済効果を生むだけでなく、和束ファンをつくることにもなり、地域の高齢者の生きがいづくりにも効果があったと考えます。

　四つ目は、人材の育成です。戦後80年余り続いた東京一極集中は、地方から人材を遠ざけることにもなり、現在多くの地方の自治体は、人材不足に陥っています。もちろん地域人材がいなければ、外部人材も登用していかなければなりませんが、将来を見据えた人材育成は地方の自治体にとっての生命線です。いくら新たな産業おこしを計画したとしても、それを担える人材がいなければ、机上の空論で終わってしまいます。したがってアクションプランに添った人材の育成を四つ目の柱に据え、年間100回のセミナーを開催し、延べ1,000人の受講者の中から30名の雇用の創出に取組みました。

　このように「和束茶カフェ」という地域の皆さんの自己実現の場を設け、新たな販路形成のための地域ブランドづくりに取組み、地域外の方々の交流の場を設け、できるだけ多くの方々に経済分配を行う。そして、その担い手の育成を同時進行で実施したことで、短期間で成果を上げることができたのだと考えます。そして「和束茶カフェ」は私の予想以上に基幹産業である「茶産業」と新たな産業とする「観光産業」、そしてそれらに関わる「人」を有機的につないでくれました。

農村民泊の推移

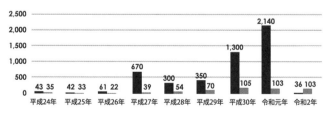

そして「和束茶カフェ」は、現在約40名の会員を有し、従業員を10名雇用する企業になりました。年間の来館者数は約30,000人、年間売り上げも5,000万円を超えています。設立当初、和束町雇用促進協議会の仮運営から始まり、観光資源活用トータルプランの3年目に組合による運営に切替わり、平成29年には会社になりました。正に「進化するカフェ」となったわけです。そして、全国では珍しいお茶に特化した農産物直売所であり、扱う商品は、茶農家が拘り抜いた和束産100％のシングルオリジンティーです。しかもそのお茶だけでなく、加工商品もすべて地域の皆さんが自ら商品開発を手掛けたものばかりです。「和束茶カフェ」は、全国で唯一京都府内産100％のお茶のみを約300種類取扱うお茶の専門店に成長することができました。

　こうして始まった観光産業参入へのチャレンジは、今では民間事業者にも波及し、UIJターン者による古民家を再生したゲストハウスや日本茶カフェ、飲食店などもオープンし、人口3,500人の小さな町に観光関連産業で約250名の雇用を創出することができました。

　「和束茶カフェ」により始まった小さな拠点づくりが、地域内に広がり始めています。私は常々まちづくりにおいては、「決して一人勝ちはしないこと、できるだけ多くの方の小さな成功がカギ」だと考えています。そしてこうした小さな活動のネットワークが大きなうねりとなり、地域コミュニティを再生するのだと。正に地域住民自らの自己実現によって地域の中で活発に活動することで、地域の役割を果たしている状態。これこそが「生涯学習のまちづくり」です。

　最後に「観光資源活用トータルプラン」の目的は、地域での魅力的な取組みにより、交流人口が増加すれば、高速道路の利活用にも繋がるというものだったと記憶しています。この事業に取組み約10年が経過しましたが、新名神高速道路の延伸とともに和束町にもバイパストンネルが

来年（2024年）開通することになり、京都市内からのアクセスは約30分、名古屋からも約1時間30分、大阪からも約1時間に短縮、さらに商圏、交流圏が広がることになります。正にこの「観光資源活用トータルプラン」が、和束町と高速道路を実際に繋げることになったと言っても過言ではない。私はそう思います。

【略歴】

木村　宣（きむら　わたる）

和束町雇用促進協議会事務局次長。銀行員、小学校臨時講師、教育委員会職員を経て「生涯学習のまちづくり」を志す。2008年に和束町、商工会、JA等が立ち上げた和束町雇用促進協議会へ移る。厚生労働省の委託を受け、地域住民の雇用創出やコミュニティ形成につながるセミナーや研修を開催。同時に、基幹産業の茶畑景観を活かした観光展開も主導し、「和束茶」のブランド確立・定着に尽力してきた。協議会が育成した500人以上の人材は、多くが町内外で活躍している。

真の聖地へ
～自転車で辿る道に学ぶ～

山本　優子

　多島美を臨む海岸線を抜けると、突如現れる建造中の巨大船。小船が浮かぶ漁村集落を通り、柑橘畑が広がる里山へ誘われる。しまなみサイクリングで辿る「道」には、人々が受け継いできた営みがあり、文化がある。「道」を楽しむ。自転車旅行の奥義への気づきが活動の原点だ。サイクルツアー推進モデル地区として、自転車旅行推進による活動を始めたのは2006年。旅行と言えば、レジャー施設を訪れたり、観光名所を巡ったりするのが一般的。移動中の「道」を楽しむという感覚に馴染みがない。主要道から逸れて小道を楽しみ、好んで集落に迷い込む。サイクルツーリズムへの見識がない中、手探りで催行した自転車愛好者を招聘してのモニターツアーでの出来事は印象深かった。ゆっくりと、自分の足で地域に分け入るように進む。見て、聞いて、味わって…まさに五感で地域の魅力に感じ入る自転車の旅に魅せられた。

　スローサイクリング。この時に打ち出したコンセプトだ。スローとは、スピードが「ゆっくり」なだけではない。人と自然、人と人などの「つ

ペダルを踏むごとに見えてくる地域の素顔。自転車で旅してこそダイレクトに伝わるものがある。「島の路地裏が面白かった」、「農作業の手をとめて話しかけてくれた」との声に、住民自らがその価値を再認識していく。

ながり」に価値を置き、じっくりと豊かな生活を熟成させていく暮らしぶりだ。私たちが豊かさを感じるもの。それは現代社会が失いつつあるものの中にあるのではないか。自転車の旅人と地域住民が関わり合いながら、双方向の関係性を築いていく。自転車によるまちづくりをする組織として、2009 年「シクロツーリズムしまなみ」を設立した。

　NPO 法人という非営利組織としてスタートしたのは、地域課題解決のために働きたいという理念からだ。既存の観光関連事業者だけでなく、地域住民を含むあらゆる主体が役割を持って参画するプロセスを大切にした。創成期を振り返ると、自転車道を観光資源化する視点に理解を得るのが一苦労だった。それは「自転車」があまりにも身近な交通手段であるからだ。実に日本人の約 60％が「自転車」を使っていると言われている。最も愛用されているのは軽快車、通称「ママチャリ」で、通勤・通学、買い物で使う。一方、スポーツバイクには馴染みが薄く、これまでサイクリングはブームになるものの、ロングライドやツーリングは限られた人の趣味領域という認識に留まってきた。長距離走行を楽しむ自転車の選び方、乗り方が十分に認知されておらず、走行環境も未整備なため、旅行やレジャーとして定着してこなかったのだ。こうした状況下、誰もが安全・安心、そして快適に自転車旅行を楽しめるよう、自転車道の沿道インフラや案内標識の整備、レンタサイクル充実など、走行環境が整っていく。自転車道と公共交通との連動、宿泊施設でのサービス創出など、ソフト対策による受入環境も一意専心で進む。「しまなみ海道」を皮切りに、周囲の道路とのネットワークにも邁進。サービスやしくみは沿線へと拡がりを見せていった。

　自転車旅行という新しいビジネスにより、新しい人の流れをつくる。身軽な旅を支援する手荷物の運搬、緊急時のサポートなど、どれもこれまでの"常識"に捉われない思考を大切にした。既存事業の再編、新商

品の造成には判断材料が必要だ。一定のニーズが見えれば、ビジネス化が進む。企業の本格的な事業化の前に、顧客のニーズを明確化する小さな実験を重ねた。こうしたスタートアップの事業を実効性のあるものにするために、助成制度へ応募した。申請書に地域が抱える課題とその解決策を落とし込む。地域のポテンシャルを分析し、そのポテンシャルを最大化する手法をまとめる。「しまなみ×自転車」の価値の可視化を目指し「ブランディング10年計画」を提示。それは地域のステークホルダーを巻き込んでいく力となった。この間、自転車を取り巻く状況も大きく変化した。国は自転車活用に向けた法律や計画を打ち出し、サイクルツーリズムを推進していく制度を整えた。理念の柱の一つは、地方に新たな人の流れを生み出すこと。伝統的な街並み、歴史・文化、産業や産物、自然や風土など、人が介在して守られてきた多種多様な地域資源は存続の危機にある。こうした地域資源を有機的に結びつける力が「自転車」にはあるのだ。

■助成制度への応募と取組み

2013-2015 観光資源活用トータルプラン		2016-2018 プラン成果に基づく活動	2019-2021 高速道路利用・観光・地域連携推進プラン	
●基礎検討 サービスしくみの方向性	●戦略決定 市場調査 顧客の明確化	●実行と発信 ファン獲得 時流分析	●戦略見直し 時流分析 巻き込み	●実行と管理 成果の活用 しくみ再構築

■「島走マップ」シリーズ化
しまなみ海道とつながる5ルートの刷新とインバウンドへの対応

■公共交通との連動「サイクルシップ」
船を使うバリエーションある旅を可視化し、新造船も誕生

■住民参画で整備「サイクルオアシス」
担い手のやりがいは、プログラム構築やトラブル対応のしくみへ

「ビューって走っていくだけ」「自転車の人は増えたけどあまり関係ないかな」世界に誇るサイクルルートとして着実に認知度を増していく中、

地域から聞こえてきた声だ。顧客とは誰なのかと自問した。もちろん、対価を払ってくれる旅行者は大切な顧客だ。旅行者のニーズに寄り添ったマーケティングは功を奏し、入込増加につながった。ただ、その恩恵が地域全体のものとして享受されていないことが伺えた。地域課題解決のための活動だ。住民の幸福度、そして生活の質の向上が成否を分ける。大切な顧客は地域であり、活動を支える住民なのだ。自転車旅行地の創造に向けたハード・ソフト両面の取組みが、結果的に地域住民の暮らしやすさ、地域の持続可能性につながっていくというビジョンは間違っていない。立ち返るのは、当初掲げたコンセプト「スローサイクリング」。自転車というスローな観光がもたらす地域への恩恵を今一度、共有したい。大切なのは対話だ。じっくりと議論したり、学びを深めたりする時間は人と組織を育てる。紆余曲折は続くものの、今、地域住民を含む多様な主体がそれぞれの得意分野で事業活動に参画しようとしている。地域一丸で旅人を迎える「チーム・しまなみ」が形づくられようとしている。

■受益者（旅行者）と地域（住民）をつなぐ器として組織化

自転車旅行者と地域（住民）双方との関係性を構築する組織であることが特徴。果たすべき役割は住民の思いや気づきを反映しながら、自転車旅行者の受入体制を整えていくこと。

コロナ禍を経て、現場に活気が戻ってきた。自転車旅行推進の担い手が重層化する中、再認識していることがある。それは特定の財源のみに依存しないこと。NPOにはサービスや商品を販売して対価を得る事業性の財源だけでなく、目的達成のための活動に会費・寄付、助成金といっ

た形で届く支援性の財源があるのが特徴的だ。そしてこのバランスを保ちながら運営することが組織の持続性や対外的な信頼性につながる。使命感だけでは、異なる主体との対等な関係性が構築できない。「しまなみ海道」の独自性を打ち出し、組織の自立につながる事業を大切にしたい。自転車で地域を巡るガイドツアー。地元ガイドだからこそ知っている「道」をつなぎ、地域との交流を育む。気ままな旅が醍醐味である一方、はじめての自転車旅には計画が大切。そんな出発前の指南書となった専用マップ・書籍は、高い専門性を持つ媒体として評価されている。旅人の帰る場所をつくりたいとの思いから開業した「ゲストハウス」は地域のコミュニティ拠点。住民も立ち寄ることができる空間は、人と人との貴重な縁を紡いでいる。

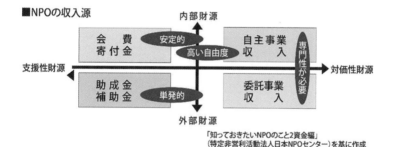

■NPOの収入源

収入源が多様なことがNPOの特徴。効率よく活用するために、財源の特徴を知り、必要な資金、その調達方法を検討したい。これまでまちづくりや地域活性化は行政が税金を基にして取組んできた歴史があり、ビジネスマインドは低い傾向があった。ビジネスで解決できるものは事業化し、継続性と刷新性を持った組織づくりを目指した。

　「暮らすように旅する」働き方や余暇の過ごし方など、価値観を大きく変えたコロナ禍に描いた自転車旅行の推進のあり方だ。「ほっとできる場所に癒された」「大切な人と自分を見直す時間になった」移動や交流が制限される中、日常生活と旅の時間を切り分けるのではなく、連続した時間と捉えて、共に充実させていく感覚を育てた。日常生活の延長のよう

にこの地を訪れ、また自分の生活に戻っていく。自転車で辿る「道」。それは、地域にとっては「生活道」。旅人は日常の延長線上で訪れ、住民は日常の中で迎える。「ただいま」、「おかえり」と言い合えるまち。

　「聖地っていうから、走れないと思ってた」レンタサイクルを返却するマダムの声。「いつでも普段着でどうぞ」と見送る。「聖地」とは。今一度、「チーム・しまなみ」で考えたい。私たちは、この地で何のために自転車旅行の推進をしていくのか。受け継いできた暮らしの持続可能性とは。一時的な観光施策ではない。十年後、世界中から訪れる人、ここに暮らす住民をもが、のんびりと自転車巡りを楽しむまちにしたい。それが真の聖地ではないか。そんな夢に向かってこれからも活動を重ねていく。

【略歴】

山本　優子（やまもと　ゆうこ）

ＮＰＯ法人シクロツーリズムしまなみ代表理事。

「しまなみ海道」架橋エリアの島嶼部の地域活性化に携わり、住民参画のもと、サイクリングロードと観光資源の連携を強化する活動を展開。島を超えたネットワーク組織「しまなみスローサイクリング協議会」結成を経て、2009 年ＮＰＯ法人シクロツーリズムしまなみを設立。自転車の休憩所「サイクルオアシス」の整備、既存施設のリノベーションによるゲストハウスのオープン等による交流人口の拡大を目指した活動を展開してきた。健康にも環境にも優しい自転車の効用をいかし、暮らしに自転車を取り入れる普及啓発にも取り組む。

第2部

和束町雇用促進協議会

特定非営利活動法人シクロツーリズムしまなみ

北海道ガーデン街道協議会
　十勝サウナ協議会

一般社団法人小城市観光協会

一般社団法人地域発新力研究支援センター

一般財団法人 3.11 伝承ロード推進機構

[寄稿]
NEXCO 東日本グループにおける観光・地域連携の取組みについて

和束町雇用促進協議会

宇治茶の半分近くを生産する茶畑がひろがる

お茶の美味しい煎れ方を気軽に体験可能

伝統ある茶産業を軸として、人・食・景観など 地域の全ての素材を最大限生かすために

　鎌倉時代から続く「茶産業」を生業としてきた京都府和束町。京都や大阪などの大都市に隣接しながら人口減少の一途を辿っていたが、2008年に茶畑の景観が京都府の景観遺産として登録され、続けて2013年には「日本で最も美しい村連合」に加盟、2015年には「日本遺産」に認定されたことを機に観光産業の事業に取り組んだ。事業拠点となる「和束茶カフェ」は、2008年に商品数ゼロからスタートしたが、この15年間で年間売上げが5,000万円を超える和束町の中心的事業となった。

　茶畑の景観はもとより、農家をはじめとした人々、茶葉を使用したメニューに至るまで、全てを茶文化の一つと見なし、情報発信や訪問客の受け入れなど様々な方向から体制を整えていく中で観光産業の基盤が生まれた。一般的な観光産業と異なる点は、「和束町雇用促進協議会」が中心となり、あくまで和束町内の雇用機会を増やすことを目的としていること。都市部との好アクセスを生かし、街の活性化に向けた取組みは、さらに加速している。

京都・和束町

ゼロからの出発　たゆまぬ努力は 山あいの小さな町を少しずつ変えた

茶畑の景観は地域を支える観光産業に

抹茶ラテや茎ほうじ茶など
テイクアウトメニューも豊富

① 「和束茶カフェ」の物販コーナー、町内生産農家のお茶が所狭しと並ぶ
② 「和束茶カフェ」のカフェスペース
③ 最寄り駅の加茂駅からは JR 関西本線で三重・大阪方面へ移動可能
④ 加茂駅から和束町内を走る奈良交通バス車内、山道が続く

①	②
③	④

磨き上げた「和束茶」のブランドは日本中、世界中に愛される存在に

茶畑での生産は手間暇がかかる

① 町内の農家民泊では海外からの教育旅行も積極的に受け入れ
② 和束茶カフェ外観
③ 和束町の茶葉を使用した様々な商品が並ぶ
④ 他の茶産地と協力した出張販売・宣伝も行っている（お茶の京都 DMO との連携）

①	②
③	④

▲事務局次長 木村宣氏

和束町雇用促進協議会

設立：2007 年 11 月 1 日
所在：京都府相楽郡和束町大字白栖小字大狭間 35 グリンティ和束 2F

団体の概要：特色ある地域資源を活かした事業所の事業拡大の取組み支援や、新たな事業の構築、そしてそれらを担える人材を育成し、雇用の拡大を図り、地域により良い経済循環を創出することを目的に、和束町、町商工会、地元 JA を組織母体として、設立された団体。

　茶源郷（Teatopia）とは、「住民の一人一人が自らの自己実現によって、地域の役割を果たし、生きがいを持ち、活発に活動しているまち」そして、「日本茶の生産文化を発信しつづけ、常におもてなしの心を体感できるまち」です。

　そのようなまちにするための取組みを通じて、「消滅可能都市」から脱却し、地域コミュニティを再生することが、私たちの使命です。

和束町エリアマップ

●和束町へのアクセス

自家用車

○京都方面　国道24号線、京奈和自動車道経由で木津ICより約25分

○大阪方面　阪神高速13号東大阪線、第二阪奈道路経由で
　　　　　　宝来ICより約1時間20分

○名古屋・三重方面　新名神高速道路、京滋バイパス経由で
　　　　　　　　　　信楽ICより約1時間

公共交通機関

○大阪駅　▶（関西本線・大和路快速で約1時間）▶　加茂駅

○京都駅　▶（奈良線・みやこ快速、関西本線で約1時間）▶　加茂駅

○名古屋駅　▶（関西本線で約2時間30分）▶　加茂駅

○加茂駅　▶（奈良交通バスで約15分）▶　和束町

※情報はいずれも2024年1月現在のものです。

01 　 "茶源郷"を舞台に人材育成を通じて
地域循環を目指す

~古から受け継がれたお茶づくりを活かす和束の生業づくり~

　京都府和束(わづか)町は京都府南部に位置し、鎌倉時代を起点に800年以上続く日本茶(主に煎茶)の生産地として、京都府内では生産量全体の約45%を占める最大規模の生産地だ。面積は約6,500ha、その75%は山林となっており、人口約3,500人の多くが茶葉の生産、もしくは関連事業を生業としている。こうした山間部の小さな農村地域の中で、「和束町雇用促進協議会」が2007年の事業開始から、いかにして茶産業を軸とした観光産業を見出し、経済効果を生み出すに至ったのかを探る。

地域の課題など事業の背景

　全国的にも多くの地域が少子高齢化の波を受けているが、和束町もその地域の一つであり、2014年に日本創成会議が発表した「消滅可能性都市」にも該当している。和束町を中心とした100キロメートル圏内には大阪、京都、滋賀、奈良の大都市が多数あるが、郊外の小高い丘陵地という環境もあって、人口の流出に歯止めが効かず、少子化も受けて減少を余儀なくされている。

　茶産業に関しては、確固たる基幹産業として地域外にも認められている。和束町は、有名な「宇治茶」の主産地で、京都府内産茶葉の約45%を生産する最大産地である。その茶葉は、高品質ゆえに「宇治茶」の「親茶」「里茶」と呼ばれ、宇治の初市では、常に最高値を付け、2023年の初市では、1kgあたり19万円近くで取引された。

　しかし、こうした高い技術と生産量を持つ茶産業も、生産者の高齢化、後継者不足が大きな課題となっている。特に、茶農家の仕事は、急斜面で栽培する茶葉の管理や収穫が、ほとんどオートメーション化できない重労働であること、そして、茶畑の植栽から本格的な収穫まで最低でも5年を要するという事業参入の難しさもあり、その問題が年々大きくなっている。また和束町外に居住し、通いながら茶農家を営む生産者も少なくないため、税収の町外への流出の問題も抱えている。茶関連産業以外に目立っ

た雇用先がないのも課題であった。

このような地域課題を解決するべく、行政、商工会、JAなどが中心となり、2007年に和束町雇用促進協議会が発足した。「ずっと暮らしたい、活力と交流の茶源郷づくり」をテーマに掲げ、「行ってみたい茶源郷プロジェクト」事業がスタート。当時の様子を事務局次長の木村宣さんはこの

木村　宣氏（和束茶カフェにて）

ように語る。「この街を消滅可能性都市からどう脱却させるかを考えての事業でしたが、産直販売、初期投資費用、観光事業、ブランド力、宿泊業、全てゼロからの出発でした」

こうした中、2008年に和束町の茶畑の景観が、京都府の景観遺産の「文化的景観」第一号に登録

されることとなった。京都府景観条例により「地域における人々の生活、生業、風土により形成された景観地で我が国民の生活又は生業の理解のため欠くことのできないもの」として選定されたもので、これを機に和束町の茶畑の景観が、茶産業という生業と共に知られる機会を得たのである。また、その後2013年には「日本で最も美しい村連合」に加盟、2015年には「日本遺産」にも認定され、外部への発信に対する動きに拍車がかかっていく。

景観遺産などへの注目度が高まる流れで、和束町雇用促進協議会が行った取組みは、観光振興や観光産業を優先した地域活性化ではなく、「地域の雇用促進」を第一の目的においたものであることは特筆に値するだろう。外からの観光客に目を向ける前に、地域の人々や、元々あった基幹産業に主軸をおいたことで雇用を生み出すことを目的とした観光事業への参入という展開ができたと言える。

企画立ち上げのアイデア

　では、和束町雇用促進協議会は、具体的にどのようなアイデアを形にしていったのだろうか。2008年頃から15年近く「茶源郷プロジェクト」に中心的人物として携わってきた木村さんは元は銀行員であったが、途中退職をして教員を目指したという異色の経歴を持っており、その自身の経験から「人」にフォーカスした地域住民が主導となるまちづくりをモットーとしている。そのきっかけとなったのが、教員課程で学んだ「生涯学習」である。地域の循環や発展を促すため、先に施設を始めとしたいわゆる「ハコモノ」を作るのではなく、地域住民がやりたいことや目標の実現を可能とすることができる活動の拠点構築を最優先した。住民の活動に見合った規模の「住民が活躍できるプラットフォームづくり」が最大の目的であり、一人一人の活動がその拠点に集約されることで、「住民自治の活性化」につながるという循環を生み出す。また、雇用を生み出すには利益がないと始まらず、利益を生み出すにはビジネス的に考えられた商品開発が必要だが、こうした一連の活動に対する学びの場やコミュニティの形成を和束町雇用促進協議会がサポートすることで、住民の自発的な行動による継続性の高い事業を可能としている。

　「茶源郷プロジェクト」が始まる前の2000年代はじめ頃は、和束町は茶産業を基幹としながら、町内には産直販売所がなく、地域内外の消費者が和束町で生産された茶葉を手に取る機会や場所が全くない状態であった。そのため、町の遊休公共施設を利用し、和束町内の茶、加工品などの販売や情報の収集・発信拠点となる「和束茶カフェ」を、2008年6月にオープンした。「和束茶カフェ」は、当初協力してくれる農家がなく、施設の玄関先に木村さんが長机を広げるだけの場所だったと言う。「本当に数少ない商品しかなく、何もない机に座っていました。通り過ぎる人から『何始めるんや？』と問われた時に、一生懸命説明をして、一人、また一人と協力者を増やしましたね」と木村さんは当時を振り返る。

　中でも積極的に活動を展開したのが主婦のグループである「恋茶グループ」だった。「和束茶カフェ」の設立以前に、町民の起業促進を目的に開催した人材育成セミナーに参加したメンバーが有志で「恋茶グループ」を

結成し、和束茶を使用した加工品の開発に取り組んだ。特に、お茶の佃煮はヒットし、京都府主催の「やましろの食を味わう ふるさと加工食品コンクール」で入賞、テレビ番組でも取り上げられ売り切れが続出するほどとなった。他にも、お茶のふりかけやドレッシング、茶だんごなど、惣菜からスイーツに至るまで様々な商品開発が進み、並行して「和束茶カフェ」で実際に購入、試食ができるように拡大していったのである。しかし、まだこの時期は、遊休施設をそのまま利用した公民館の延長のような空間の中で活動が行われており、利益の拡大のタイミングで販売スペースをリニューアルしたり、イートインコーナーの増設を実施したりしているため、大掛かりな施設の建設はなされていないのが特徴である。

　「恋茶グループ」をはじめとして町民の意識が徐々に地元茶の活用に向いていく中で、宇治茶の原産地の一つではなく、「和束茶」の産地としてのブランド力を強化していった。和束町雇用促進協議会を中心に、茶業関連事業主に対し、生産技術や販路形成をテーマとした研修を行い、海外への販路形成も促した。和束茶の大きな特徴として、各農家で生産された茶葉をまとめて混ぜて出荷することがなく、それぞれの農家の茶葉の特性が保たれているという点にある。出荷された茶葉を辿ると、生産者が必ず紐づき、顔の見える品質と安全性が高いいわゆる「シングルオリジン」の茶葉として、フランスを中心とした海外での評価が高まっていった。こうした流れについて、「和束茶は多様なテロワール、つまり畑によって個性のある茶畑が特徴ですが、土壌によって形成されたクリマ、個性ある茶畑の集積なんです。これってワインと同じなんですよ。こうした一つの見方も事業を進めながら見つかったことですが、自分たちが何度も見直してどう気づくかというのが大事かと思います」と木村さんは話す。

　ブランド向上による具体的な展開として、リーガロイヤルホテルをはじめとした高級ホテルとのコラボレーションにより、ホテル内のレストランなどで「和束茶フェア」を企画・開催した。和束茶をホテルの利用者に直接知ってもらうことで、生産者側の意識の向上にもつながり、非常に難しいとされる茶葉の有機栽培に挑戦する農家が出てくるなど、新たな展開も生まれてきている。

　また、これらの動きに並行して、茶畑の風景、そして農家の生業そのも

のを観光資源として開拓し、農村民泊と体験ツアーを行った。2009年時点で農村民泊や体験ツアーの受け入れはゼロであったが、同年9月から「茶団子作り体験」「ホットプレート製茶体験」など15本の体験プログラムを構築。以降、毎年30団体ほどの受け入れを継続している。また、翌年7月には農家民泊モニターツアーを実施し、これを契機に「ボランティアホリデー」（都市部の生活者が地方に滞在しボランティアを通じて交流する事業）も開始され、和束町の関係人口が少しずつ拡大した。

このような活動の展開を受けて、より広域的な人の流れの活発化を目標として、2011年に和束町雇用促進協議会は高速道路交流推進財団の「観光資源活用トータルプラン」に応募した。優秀賞を獲得し、支援を受けたのが以下の5つの事業である。なお、これらの事業内容は2012〜2014年度に実施計画されたものとなる。

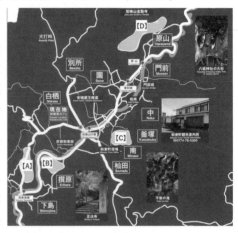

【A】白栖・石寺の茶畑　【B】撰原の茶畑
【C】釜塚の茶畑　【D】原山の茶畑

①茶畑景観活用事業　和束町の観光資源の要となる茶畑や集落の風景を、保護・維持・活用を推進する取組み。
②茶文化体験促進事業　茶文化体験、歴史的体験などの構築。
③受入れ体制整備事業　和束町内の宿泊所などの観光客の受け入れ先不足の解消を目指し、農村民泊の拡大と予約の管理や、レンタサイクルを活用した町内交通の整備、観光案内所の拡充などの体制づくり。
④広域観光促進事業　主に高速道路からの流入を促すため、和束町だけでなく近隣の市町村との連携によって、観光ルートマップの配布などによって来訪者の誘致を企画。

⑤移住促進事業　①〜④の整備後に、短期・長期の体験観光を合わせた移住促進ツアーの実施。

事業の内容と成果

　5つの事業アイデアについて、具体的な事業内容と、その後どのような成果があったのかを見ていきたい。

　①茶畑景観活用事業では、茶文化及び茶畑景観の活用に向けた研究会を発足し、地域住民の話し合いによる意識醸成を目指した。また、茶畑歩きの推進と休憩所の整備については、茶畑の景観を単純に見るだけではなく、実際に歩いて体感し、休憩による滞在時間を長くすることが可能となるよう企画した。さらに、「茶畑案内人」の育成により、和束町の茶畑に関する知識を習得した地域のプロが案内することで、学びによる情報の発信や地域への興味を深掘りすることができるようにした。

　②茶文化体験促進事業では、「おいしい茶の淹れ方」や「揉み茶体験」といった茶文化プログラムを実施。実際に味わったり茶の製造に関わったりすることで、茶文化に身近に触れ、五感を通じて和束の記憶を刻むことができる。実際に取材中にも茶の淹れ方を体験したが、予想以上に複雑で奥行きのある茶の味が、お湯の温度に応じて変化が見られ、自宅でも挑戦してみたいと感じさせられた。また、これらの体験プログラムの予約から情報発信のワンストップ化の整備も盛り込んだ。

　③受入れ体制整備事業では、町内交通として「自転車」が活用された。和束町への公共交通機関は、JR大和路線加茂駅から奈良交通のバス路線が運行されているが、1時間に1本程度という限られた本数のため、利便性に乏しい。一方、東海方面、関西方面からの高速道路のアクセスがよく、車での移動に大いに活用されている。最も近い京奈和自動車道の木津ICは、東

和束町の茶文化を学べる
体験プログラム

海方面、大阪方面、いずれからも 1 〜 2 時間程度でアクセスできる。木津 IC から和束町までは、国道 163 号線と府道 5 号線を利用して約 15 分の所要時間である。和束町の地形は山林に囲まれた急な丘陵地帯であり、一般道を利用する場合は急カーブの多い細い山道が走っている。

　こうした地形や環境を逆手に取り、「MTB パーク」やウォーキング・サイクリングコースの構築、レンタサイクルなどの地域内交通の充実を図った。和束町内では急勾配の坂を目指してロードバイクを楽しみにきた多くのサイクリストとすれ違うが、彼らにとっての勾配は、格好のサイクルロードであり、茶畑の景観や休憩所での美味しいお茶が味わえる体験は、遠出してでも経験したい場所となっていることが感じられる。

　また、農村民泊の拡大促進によって、登録数は約 100 件、受け入れ人数は修学旅行生の受け入れを開始した 2018 年には 1,300 名を超えるまでになった。また外国人旅行者数もコロナ禍直前の 2019 年にはのべ 7,000 人近くに達した。これに関して、木村さんはこのように振り返る。「農村民泊を初めて受け入れてもらった時は、次はきっと断られるだろうと思っていました。しかし、終わった後、農家の方から『次はいつやるんや？』と聞かれたのです。農家の方には特別レクチャーもしていませんし、むしろ今まで通り普通の生活をしてもらっていました。時には、英語圏ではない海外の子どもたちも受け入れてもらったこともあります。それでも子どもたちが農家の日常生活に触れて感動してもらえたことに、農家の皆さんは喜んでくださったんですね。こうした農家側の受け入れのポテンシャルがあったからこそ、継続して展開できたのではないかと思います」

　④広域観光促進事業に関連して今後影響を与えると考えられるのが、2024 年に完成予定の「鷲峰山トンネル」である。隣の宇治田原町とを結ぶ府道宇治木屋線のバイパスとして、物流・人流共に増加することが期待されている。新名神高速道路に新しく設けられる宇治田原 IC までわずか 15 分で結ばれることとなり、町民が 30 年以上待ち望んだ悲願のバイパスとなるという。これにより、和束町を含む京都府南部の相楽東部地域は、宇治や城陽地域と直接往来ができるようになり、東海方面からの移動も格段に早くなる。その効果として、トンネル完成による観光入込客数の増加は約 17 万人と試算（平成 28 年和束町「茶源郷未来型交流のまちづくり

調査研究事業」より）されており、和束町もその受け入れの準備を早急に求められているのが現状である。

　⑤移住促進事業では、和束町への移住者による説明会や、メディアを活用した情報発信を行っている。和束茶カフェでは、店内に設置されたモニターで茶農家や移住者のインタビュー動画が流れており、食事を楽しみながら、地域の情報も入手できる工夫が施されている。木村さんにヒアリングしたところ、和束町雇用促進協議会が主催する各種セミナーを受講した事業者が雇用した人数、地域求職者が就職又は起業創業した人数は、延べ540人に達し、その内約半数が今でも町内にとどまっていると言う。新しく起業創業した事業所も、ゲストハウスや茶関連商品の加工販売、飲食店を中心に52事業所にのぼり、その7割が町外からのUIJターン者によるとのことだ。

　公共交通の便から考えれば、辺鄙な場所と言えるが、協議会設立から15年の間に体験や宿泊といった長時間滞在できる拠点が徐々に増えたことによって、通過されるだけの地域にならず、"茶"という一つのテーマで「飲む、食べる、見る、体験する」を掘り下げられる、和束町ならではの観光カルチャーを生み出している。実際に和束町を取材で訪れた時も、欧米やアジアからの観光客が団体で茶畑を巡っており、帰りに「和束茶カフェ」でお土産品の茶葉を各々購入する風景が見られた。まずは、和束茶本来の味を飲んで知ってもらい、違った形で食べて味わい、茶畑の景観をガイドしてもらいながら見学し、自分たちでも製茶の過程を体験する。茶文化を五感で楽しむことによって、和束町でしか得られない時間を過ごすことができるのである。

　2008年にオープンした「和束茶カフェ」は、約10年間（2008〜2019年）で年間入館者数が約3万人もの規模に到達した。また、カフェの年間売り上げは、オープン当初の60万円弱から約3,700万円まで増加しており、2022年には4,000万円の大台を超え、

カフェでは茶葉を用いた
ランチメニューも

2023年ついに5,000万円の大台を超えた。今後は売上1億円を目指しているという。コロナ禍の影響で2020年に一度売上額が落ちてはいるものの、2023年でオープン史上最も高い売上高を残しており、成長を続けていると言えるだろう。

　現在、和束町雇用促進協議会は、厚生労働省から「地域雇用活性化事業」を受託し、和束茶カフェ等地域事業所の伴走支援や人材育成を中心に、和束茶の新たな販路形成や観光業の定着化に取組んでいる。和束茶カフェの運営は、開設後3年で、会員による組合組織に移行、2017年には会員の中から出資を募り、「一般社団法人えんー TRANCE わづか」という法人が運営するに至った。

　設立当初、上記の「観光資源活用トータルプランの事業支援を受けたことで、規模の拡大や整備、促進などを資金のリスクを抑えながら展開することができたことは、間違いない」と木村さんは当時を振り返る。「自分たちの報酬は国の委託金によって補填されていますから、和束茶カフェなどの売り上げによって出た利益はできるだけスタッフに還元するように心がけています。雇用しても、モチベーションが上がらなければ続きませんし、次の新しいスタッフを呼べません。経営に関しては私もアドバイス等を行なっていますが、メニュー開発やカフェの運営については基本的にスタッフが自主的に行なっています」と木村さんは語る。町活性化の基盤の主軸を「雇用の拡大」に置き、一人一人が充実した気持ちで働ける職場を作り出すという経済活動の拠点づくりを、この協議会が積極的に担っていることがわかる。

　こうした事業の拡大と強化を行い、着実に"茶源郷"の実現に向けて、町内の自発的活動の活発化が見られる。世代間、地域間の交流が盛んになり、化学変化を起こした和束町の未来に期待したい。

国土計画協会事業担当より

・本事例は、地域産業である茶産業の振興のため、これまで行っていなかった観光振興の事業を講じたものであるが、観光振興を第一の目的とはせず、地域の振興を図ることを主たる目的とした事例として注目される。

・本事例の取組主体は、本支援事業では珍しい雇用促進協議会であり、その基本的な目的は、地域の資源を活かした新しい事業を創出するとともに、それらの事業を担える人材を育成することにある。そのため、地域全体のプロデュースをする立場から、地域振興の全体プランを企画立案し、茶産業事業者等の関係者を調整して取組みを進めている点に特色がある。この点では、観光協会あるいは DMO に類似した性格を有するが、観光協会等の取組みが観光の振興あるいは観光事業者の利益向上を主たる目的とするところ、本事例では、関係する事業者も観光事業者というより、茶産業事業者や地域住民であり、地域（産業）の振興、地域住民の自己実現を目的とした取組みが成果をあげている点が注目される。

・大きな目的意識を常に持ち続け、人材育成を柱として事業を進めることで、様々な取組みの試行錯誤のなかで、時代の流れや関係者との協働などによる成功の要因が作用して、事業の成果が生じている点で、確固とした目的意識・目的設定や人材育成の重要性が認識できる。

・具体にも、茶畑「景観」、茶文化「体験」等に着目した事業展開や、地域外のホテルのレストランと連携した茶の企画も参考となる。

・本書において着目する点である地域に与えた影響についてみると、茶産業の振興や新規起業の新たな取組みにつながるとともに、観光客・観光消費の大幅な増加を生んでいる。また事業の継続に必要な自主財源などの財源確保に関してみると、雇用促進協議会では、直接には収益事業は行っていないが、事業の核となる「和束茶カフェ」で売上も高め、黒字経営となっているほか、茶産業の振興、人材育成などを通じて、持続可能な地域の形成に貢献している。

特定非営利活動法人
シクロツーリズムしまなみ

自転車道が整備されたしまなみ海道　　　　地域の産業や日常を感じられる自転車旅

第一の顧客を " 地域 " と定め
地域のためになる「聖地化」を目指す

　1999 年、本州と四国を結ぶ 3 本目の連絡橋として「しまなみ海道」が全線開通した。広島県と愛媛県のあいだに浮かぶ個性豊かな 7 つの有人島をつなぐ、全長約 70km の自動車専用道路。その特性は、自転車や徒歩での行き来が可能な「自歩道」が整備されていることだが、観光面では長らく低迷期が続いていた。ところが、2004 年「サイクルツアー推進事業（国土交通省補助事業）」モデル地区に選出されたことを一つのきっかけとして、日本におけるサイクルツーリズム推進の機運に乗ることになる。

　今治市に拠点を置く特定非営利活動法人シクロツーリズムしまなみは、中間支援組織としての立場から、住民と旅行者、官と民をつなぎ、しまなみ海道の「自転車の聖地」化に取り組んできた。その活動の指針は住民の目線を大切にすること。自転車という乗り物だからこそ味わえる旅の魅力や、島々での体験、人との出会いを最大限に引き出して多様な層の自転車客を誘致するが、あくまでその成果を地域へ還元することが目的。自転車旅を通して、地域に良い循環を生むため、現在に到るまで様々な事業を展開している。

愛媛・今治市

かつて通過点でしかなかった「しまなみ海道」は、自転車によって"聖地"となった

海と密接につながる今治

① 体力に自信がない人でも「しまなみ輪タク」で気軽に自転車旅を体験
②「シクロの家」で販売・配布されている自転車旅アイテム
③④ レンタサイクルも利用可能

①	②
③	④

島の人たちの暮らし、何気ない日常に触れられる自転車旅

点と点を結ぶ"線"に価値を置く旅。「誰でも気軽に自転車に乗れる」を実現

① 尾道〜瀬戸田を結ぶ航路に就航しているサイクルシップ
② しまなみ海道だけでなく、船を使って島を回るサイクリストも多い
③ 今治から走り、多々羅大橋に差し掛かると広島県尾道市に入る
④ 「しまなみサイクリングフリー」（期間限定）でしまなみ海道の自転車通行は無料

①	②
③	④

▲代表理事 山本優子氏

特定非営利活動法人 シクロツーリズムしまなみ

設立：2009 年 4 月 24 日
所在：愛媛県今治市別宮町八丁目 1 番 55 号

五感で地域を楽しむ新しい旅のスタイル「シクロツーリズム（自転車旅行）」の普及・提案を通して、地域活性化を目指す民間非営利団体。愛媛県今治市、上島町をメインフィールドに、路地や農道等にルートを伸ばし、地域を丸ごと楽しめるよう受入体制を整備。自転車旅行地としてのブランド強化を多様な主体と連携し、推進している。地域の自然・歴史・伝統を守り、伝える感性、様々な事象と人々とのつながりを熟成させる新しい価値観を生み出し、持続可能な地域の暮らしを実現する活動を展開している。

定款の目的：この法人は、愛媛県今治市、上島町の島嶼部をメインフィールドに、従来型の観光行動とは一線を画す自転車旅行（シクロツーリズム）に着眼し、島を周遊する観光スタイルの定番化、滞在型の旅行者誘致活動を展開する。島の豊かな自然と、その自然に支えられた地域の暮らしが織り成すアーティスティックな風景を「風景アート」と捉え、地域の自然・歴史・伝統を守り、伝える感性、様々な事象と人々とのつながりを熟成させる新しい価値観を生み出し、持続可能な地域の暮らしを実現することを目的とする。

①地域限定旅行業：ビギナーが安心して参加できる交流ガイドツアー実施。②宿泊業：旅人と地域をつなぐプロデュース機能を保持したゲストハウス運営。③出版業：地域の巡り方を教授する旅の支援情報誌、地図作成。④農山漁村振興：耕作放棄地を利活用したアクティビティ拠点整備や加工製造。⑤自転車先進都市啓発活動：未就学児の遊び場「自転車ヒロバ」や「今治自転車人養成講座」。⑥官民協働による各種受入体制整備、プロモーション活動等。

しまなみエリアマップ

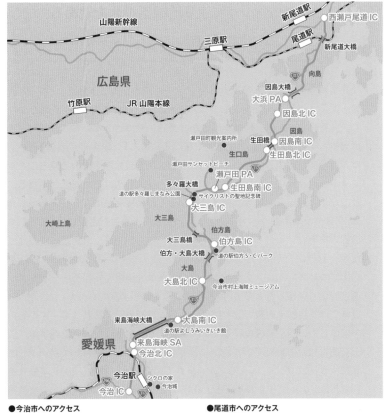

●今治市へのアクセス

自家用車
○しまなみ海道／西瀬戸自動車道・今治ICより約10分
○しまなみ海道／西瀬戸自動車道・今治北ICより約15分

公共交通機関
○東京駅　▶（東海道・山陽新幹線で約3時間15分）▶
　岡山駅　▶（特急しおかぜで約2時間10分）▶　今治駅
○東京駅　▶（東海道・山陽新幹線で約3時間30分）▶
　福山駅　▶（中国バス・せとうちバスで約1時間30分）▶　今治駅
○羽田空港　▶（飛行機で1時間15分）▶ 松山空港
　▶（バス・特急しおかぜで約1時間）▶　今治駅
○大阪南港　▶（オレンジフェリーで約8時間）▶　東予港
　▶（バスで約1時間）▶　今治駅

●尾道市へのアクセス

自家用車
○山陽自動車道・尾道ICより約20分
○しまなみ海道／西瀬戸自動車道・西瀬戸尾道ICより約15分

公共交通機関
○東京駅　▶（東海道・山陽新幹線で約3時間40分）
　▶ 福山駅　▶（山陽本線で約20分）▶ 尾道駅
○新大阪駅　▶（東海道・山陽新幹線で約1時間）▶ 福山駅
　▶（山陽本線で約20分）▶ 尾道駅
○羽田空港　▶（飛行機で約1時間20分）▶ 広島空港
　▶（バスで約1時間）▶ 尾道駅

●ゲストハウス「シクロの家」へのアクセス

今治駅より徒歩2分

※情報はいずれも2024年1月現在のものです。

02 “道の途中”に価値を置く自転車旅行としての ブランディングにより地域活性化を進める

〜今治市と尾道市を結ぶ「自転車の聖地」・しまなみ海道の軌跡〜

愛媛県今治と広島県尾道市を結ぶ「瀬戸内しまなみ海道」。本州と四国を結ぶ3本目の連絡橋として1999年に開通した。7つの有人島をつなぐ、全長約70kmの自動車専用道路である。その他2本の本四連絡橋（瀬戸大橋・明石海峡大橋）と大きく異なる点は、「自転車歩行者道」、いわゆる自歩道が整備されていること。高速道路を自転車や徒歩で渡ることができるという稀有な特性を持ちながらも、開通当初はそれが活かされることはなく、観光入込客数は振るわなかった。全線開通により盛況を呈した1999年の反動もあり、翌2000年には各橋の車両通行台数は大幅に減少。沿線の市町村における観光入込客数は、1999年には約950万人にのぼったが、翌年は約600万人にまで減少し、その後も低迷が続いた。自転車利用についても、レンタサイクル制度自体は、環境整備が不十分ながら開通当初から存在したものの、貸出数は長らく停滞基調であった。ところが、近年では「自転車の聖地」と呼ばれ、多くの観光客が訪れて瀬戸内の魅力を堪能している。興隆の背景には、2004年「サイクルツアー推進事業（国土交通省補助事業）」モデル地区に選定されたこと、あるいは2014年の「世界7大サイクリングコース（アメリカCNN）」への選出、2019年の「第1次ナショナルサイクルルート」指定などが挙げられよう。しかし、重要なのはそれらの外的な要因を受けて、地域がどのような動きを見せたかである。本稿では、中間支援の立場から、地域住民の暮らしや思いに寄り添いながらこの地域の「聖地化」に尽力している、NPO法人シクロツーリズムしまなみの事業展開を辿る。

地域の課題と団体立ち上げの経緯

「今治市は造船・タオルの町。住民の多くがこの産業に関わる仕事に就いていることもあり、観光地という意識は希薄でした」そう話すのは、今治市に拠点を置くNPO法人シクロツーリズムしまなみ・代表理事の山本優子さんである。2007年に12市町村合併によって誕生した新今治市は、

山間部・島嶼部・中心部という広域かつ変化に富んだ地勢を有する。海辺には多くの海運会社が林立し、造船業も盛ん。全国的に知名度の高い「今治タオル」を核とした繊維産業はもちろん、石油関連事業や食品産業なども活発である。観光資源としては、瀬戸内の景観のほか、大山祇神社、村上海賊などの歴史遺産も有するが、それらを活かした観光都市という側面は薄い。そうした住民の暮らしのなかに1999年、全線開通したのがしまなみ海道である。その特性を、山本さんは「島民の生活道としての色合いが強い」と評する。特に、開通当初は通行車種も観光バスなどの大型車

今治市から尾道市まで島と島を結ぶ「しまなみ海道」

の割合が低く、軽自動車の割合が大きいことから、観光よりも生活面での利用が主であったと見られる。旅行者にとって、当時のしまなみ海道は、嚴島神社、原爆ドームという二つの世界遺産を持つ広島県と、日本最古の歴史を誇る道後温泉とをつなぐ"通過点"でしかなかったと山本さんは話す。

　「しまなみ海道の観光業にとっては、2005年あたりが一番底の時期。当時、大手旅行会社のパンフレットに『しまなみ海道を車窓から眺める』というコピーを見かけました。人々は車から降りもしない、本当にただの通過点。私たちのまちの扱われ方にさみしさを感じました。」（山本さん）。

　しかし、風向きは変わる。2004年、日本におけるサイクルツーリズム推進の機運が高まり始めたのだ。国土交通省が全国15ヶ所を「サイクルツアー推進事業」モデル地区に指定。しまなみ海道もそのなかに含まれていた。指定を受け、国や県が連携してサイクルツーリズム推進による地域活性化の検証を行う検討委員会を組織するとともに、具体的なアクションプランとなる「自転車モデルコースづくり事業」の展開が決まった。民設民営の今治NPOサポートセンター職員であった山本さんは、地域コーディネーターとして、このタイミングから事業に参画している。地域資源を活かした着地型観光を実現させ、地域の風土・歴史・人をつなぐ住民参加型事業。とはいえ、当初は「自転車旅」の何たるかを理解するメンバーはほ

とんどいなかったという。

「当時、サイクルツーリズムという言葉に馴染みはありませんでした。最初の議題は『自転車で旅するってどういうこと？』でした」（山本さん）。「自転車モデルコースづくり事業」は、2005年の伯方島を皮切りに、大三島、大島と3年間を費やした。同時に、地域活性化を担うプレイヤーの育成・仲間づくりも押し進め、2008年にはしまなみスローサイクリング協議会が発足。各島の住民によって組織されており、住民目線の情報発信やマーケット分析、社会実験などを行っている。「住民主体の自転車地域振興はここから芽吹いた」と山本さんはいう。そして翌2009年、山本さんが代表理事を務めるNPO法人シクロツーリズムしまなみが発足する。立ち上げの際、スローサイクリング協議会をそのまま法人化するかたちも検討されたが、住民と旅行者とをつなぐ中立的かつ開かれた組織であるべきとの考えから、新しく別の法人として設立された。

「NPO法人の最大の特性は、一方通行ではないところです。サイクリストに訪れてもらうことによって地域が潤う、地域が潤えばまた人が来る、この循環を生み出すことが私たちの目指すところであり、価値なんです。事業の初期段階では、サイクリストのための基盤整備を優先しましたが、それを最終的には何につなげていきたいかというと、地域づくりであり、地元住民の笑顔なわけです。つまり、私たちの第1の顧客は『地域』。ここは、ブレてはいけない部分です」（山本さん）。

「自転車旅」への視座と活動内容

「自転車だからこそできる地域づくり」を掲げるNPO法人シクロツーリズムしまなみ。その方向性が定まった背景には、2007年よりスタートした「しまなみ資源活用プロジェクト」におけるモニターツアーでの経験があると山本さんは話す。

「美術館などの目的地から、次の目的地まで最短ルートで自転車をこいで、昼食を済ませたらまた最短ルートで別の目的地へ……というツアーを考えたんです。車での移動を自転車におきかえていただけだったんですね。ところが、参加者たちは私の予想に反して、次々と脇道に逸れていき

「シクロツーリズムしまなみ」オリジナルの
デザインが施されたクロスバイク

ました。ツアー終了後に何が楽し
かったかを尋ねてみると『柑橘畑
の風景が良かった』『農家のお母
さんにみかんをもらったこと』な
ど、みなさん"道の途中"での出
来事を挙げるんです。農道や海岸
線、山の風景……そういった私た
ちの暮らしの風景やそこでの出会
いを楽しんでくださったことに驚

きました」(山本さん)。

　一口にしまなみ海道といっても、風景や文化は島ごとに目まぐるしく変
わる。各島の主要産業も異なっており、それぞれ造船業や柑橘栽培、漁業、
石材業などが発展している。これらを、自転車のスピード・高さから味わ
えることこそ、この地域の特色・価値なのだと理解した、と山本さんはいう。

　確かな視座を得て、NPO法人シクロツーリズムしまなみは様々な事業
展開へと動き出す。2009年には、自転車をそのまま積載できる電車「サ
イクルトレインしまなみ号」運行企画を提案。「しまなみ海道10周年記
念事業」として臨時列車の運行を実現させた。その後もJR四国との協議
を重ね、運行回数の増加や通常便への自転車積載実現へとつなげた。同
年、書籍『しまなみ島走MAP(愛媛3島＋上島町)』の配布用初版刊行。
翌2010年には、2人乗りタンデム自転車の一般道路走行に係る規制緩和
の提案と実現に到る。タンデム自
転車は当時、日本でわずか数ヶ所
しか走行が認可されていなかった
が、山本さんらは、視覚障がい者
団体より「しまなみ海道を自転車
で走りたい」との依頼を受けたこ
とをきっかけに、規制緩和を目指
して運動を開始。さらに2010年
〜2011年には、広島県側の主導

「今治駅前サイクリングターミナル」には
自転車の調整スペースやシャワー室なども完備

によって「自転車の聖地」の象徴の一つ、サイクリングの推奨ルートとして道路左側に明示されるブルーラインと距離標の路面標示の整備が開始されたことも、地域の重要な展開として付記しておく。

　今やしまなみ海道ではお馴染みとなった「しまなみサイクルオアシス」が開始されたのも 2011 年である。自転車の休憩所として、農家や寺社、ガソリンスタンドなどが軒先を提供。空気入れや工具の貸し出し、給水サービスなども行うこの仕組みは、住民の協力のもと成り立っており、特に観光地としての側面が薄いエリアでは、雨の日や土日にも利用できるとして重宝されている。愛媛県島嶼部にて 20 ヶ所から始まったこの仕組みは、2 ヶ月後には「県境の壁」を越えて広島県側にも移転され、現在は愛媛県側だけでも 300 ヶ所以上展開されるまでになった。

　「たとえ自治体をまたいでいても、どこでも同じサービスを受けられることこそ『聖地』たる由縁です。とはいえ、サイクルオアシスは予想を大きく超えたスピードで浸透しました。今や毎年のように『どうやったらサイクルオアシスになれますか？』という問い合わせが来ます。この仕組みは住民

サイクリングが楽しくなる
おもてなしグッズも用意している

の善意で運営されていますが、背景にある思いはそれぞれ異なります。ビジネス的なメリットを期待する場合もあれば、『旅行者と話すのが楽しいから』という人も。様々な思いの人が、共通のタペストリーを掲げてお迎えする、これが"民"でやることの意味だと思います」（山本さん）。

　自転車旅の快適性を向上させるため、次に取り組んだのは「荷物」の課題。2012 年に手荷物搬送「荷物らくらく便」社会実験を開始した。駅や宿などの荷物ポイントに荷物を預ければ、当日中に目的地付近の荷物ポイントまで搬送される、というものである。身軽さが必要な自転車旅を、より気軽に楽しんでもらうための仕組みだ。当初は、サービスの手法や量が見えず、既存の宅配業者が動くに至らなかったため、山本さんらは 2 年間、自ら原付で荷物を運搬。こうした経緯を経て、ヤマト運輸にて「しまなみ

海道手ぶら当日便」が実証実験され、次いで佐川急便により「しまなみ海道手ぶらサイクリング」が実現した。

「新しいサービスを生み出すには、小さな実験を重ねて実証することが大切。仕組みをつくり、お任せできるものは民間に任せる。仕組み自体は放っておいたら劣化するので、定期的に構築し直す。これは、中間的立場の私たちだからこそできることです」（山本さん）。

翌 2013 年には、自転車旅行者の宿泊を促す基盤整備と、情報発信の取り組みとして、「しまなみ自転車旅の宿」事業を展開。自転車の安全な保管や輸送サービス、メンテナンススペースや工具の提供、ランドリー完備などサイクリストフレンドリーな宿の情報発信を行う。その後、同じシステムを広島県側にも移転。同年には、書籍『しまなみ島走 BOOK』初版を刊行し、出版業もスタートさせた。

事業の内容

NPO 法人シクロツーリズムしまなみは、本組織の助成制度に 2 度応募し、採択されている。助成金を受けてどのような事業を推進したのか、順を追って確認したい。

まずは 2013 年、高速道路交通推進財団（本協会の前身）の「第 7 回観光資源活用トータルプラン」優秀賞を受賞。「瀬戸内まるごとサイクルツーリズム構想」を掲げ、ゆっくりと地域をめぐり、交流を楽しむアクティビティを提案した。多彩なルートをマップ化し、多くのリピーターを獲得したほか、今治市臨海部のルートと離島のルートとをつないで、しまなみ海道から四国へとシームレスな導線を引いた。また、船と自転車を組み合わせた瀬戸内ならではの旅を造成するなど、サイクリスト回遊のための基盤づくりを行った。

一方、3 年間の支援期間を終えたあとも、聖地化は進んだものの、地域における「自転車旅」に対する理解浸透にはまだ遠い状態が続いた。

「スピードを出す長距離走行者の増加、断片的な受入環境整備への懸念から、一過性のブームとの見方が表出。サイクリスト数は右肩上がりでしたが、地域全体としては関係性が低く、『自転車は増えたけど、あの人た

ちはお金を落とさないから』という住民の言葉もよく耳にしました」（山本さん）。

そこで、観光志向性が高いライトユーザー層、インバウンド観光の拡大を掲げ、国土計画協会による「平成30年度高速道路利用・観光・地域連携推進 プラン活動（2019-2021）」へと応募。2回目の採択を受ける。

「日本におけるサイクルツーリズム人口は、多くが上中級者層であるほか、滞在日数や観光志向性が低いことも特徴です。しまなみ海道でもいわゆる"走り屋さん"が目立ち、ライトユーザー層への視点が欠けていました。ビギナーがいかに楽しめるかという視点獲得に加えて、地域の担い手や行政の意識変化を促す取組みも不可欠でした」（山本さん）。

そこで、ステークホルダーを巻き込むことと、自転車旅行者の旅行スタイルの変化を促すことを念頭に「ブランディング10年計画」を策定した。

具体的な事業内容は大きくわけて4つである。①サイクリングマップ「島走マップ」シリーズの英語化、②サイクルクルージングのブランド化、③市内回遊の誘引「自転車タクシー」の商品化、④地産食材提供の「サイクリングエコツアー」。①②を【新たな顧客獲得に向けた環境形成】事業として、③④を【宿泊施設主導集客商品造成と提供】事業として立案。さらに、国土計

車道の横に自転車専用道路が走り
すれ違いができるように車線で区分けされている

画協会の検討委員より受けた2点の指摘──「地域住民との関係性を深め、積極的にコンタクトを取り、住民の声に耳を傾け、住民参加型の事業を必ず実施すること」「行政との連携を密にし、事業を推進していくこと」──を反映し、サイクルツーリズム振興と住民の暮らしがいかに調和しているかという視点を共有できるよう「接遇体制強化」を軸に据えた。道の駅や宿、レンタサイクル事業者をはじめとした、旅行者との対話機会が多い事業者とは、研修会や座談会を開催。接遇マニュアルなどを作成した。

「接遇体制強化とは、サイクリストをあたたかく迎えるための下地づくりです。サイクリストが『どんなことに困っているのか』『何をしてもらっ

たら嬉しいのか』という視点を、受け入れ側である地域住民に獲得しても
らうこと。それが、急増する自転車旅行者に対する不安や疑問の解消のみ
ならず、接点増加によるビジネスチャンスの創出にもつながるはずだと考
えました」（山本さん）。

　以上を軸としつつ、4つの事業では次のような成果を得た。まず、①し
まなみ海道を含めた5つの海道のマップの英語化を実施。インバウンド視
点でのルート見直しのほか、里山
保全の観点等を加味して内容を刷
新した。「自転車旅に必要な"ちゃ
んとしたマップ"というのは、意
外と手に入りにくく、旅行前に購
入してくれる方も多いです。高低
差などを可視化しており、体力に
合わせたルート選びも可能。ス
タッフがすべての道を実走して作

自転車に乗らない人も楽しめる
「しまなみ輪タク」

成したため、情報価値は高いと自負しています。地元のタクシー運転手さ
んや行政の方もうちのマップや本を持っているのをよく見かけます」と山
本さんは話す。②自転車旅行に船を組み合わせるサイクルクルージングで
は、地元企業が「サイクルシップ」を新造するなど、生活航路の観光利用
促進という新たな旅行商品の販売計画を一歩前に進めた。③自転車タク
シー事業では、「しまなみ輪タク」という商品名でプロモーションを活発
化。運転手のユニフォーム（今治タオル素材）等の制作も進めた。視覚障
がい者にも自転車旅を楽しんでほしいという思いとともに、現在では「今
治の町中に着地したサイクリストに、自転車を降りたあとも町をめぐって
ほしい」という狙いも持つ。町中に点在する資源をつなぎ、隙間時間に利
用できるよう、ルートを精査。宿泊所などでの販売商品とすることを目標
としている。④地産食材提供の「サイクリングエコツアー」では、コンセ
プト「しまなみ暮らし」のもとに、自転車旅にキャンプを掛け合わせた商
品造成を目指した。農漁村の住民が参画するビジネスモデルとして可能性
を見出したほか、中長期滞在者向けのワーケーション企画への転用も期待
できる。その他、サイクルオアシス総合拠点「シクロの家」などのゲスト

ハウス機能強化にも取り組んだ。

　一方で、新型コロナウイルスの影響により、地域社会は大きな打撃を受け、事業内容の一部は路線変更を余儀なくされた。実証実験におけるモニターツアーや試乗会は縮小・中止となり、検証は限定的なものにとどまった。運営するゲストハウス「シクロの家」は、コロナ禍前の2019年と比べて売上は40%にまで落ち込み、同じくゲストハウスの「みなとみなと」は休業。NPO法人の正社員も減らさざるを得なかった。「2023年10月現在も回復は道半ばです。宿泊も回復は6割程度」と山本さんは話す。しかし、コロナ禍のおかげで見直せたこともあるという。

　「コロナ前は、レンタサイクルの貸出数がどんどん増えており、私たち自身も『これからはインバウンドだ』と息巻いていて、関連事業を積極的に推進するつもりでした。ところが、2020年から様々な事業が中断したことで、自問する機会を得ました。『インバウンド偏重の事業展開は地域にとって本当に良いことなのだろうか』『日本人の滞在日数伸長のための方策はまだあるんじゃないか』『プロモーションやコンテンツ造成ばかりが先立ってはいないか』と。そこで、自分たちの本質はやはり"地域"にある、と

カラフルな壁画が目標の
ゲストハウス「シクロの家」

いうことを改めて確認。地域への誇りや愛着の創造に主眼を置いたうえで、住民の思いを聞き取り、今一度、どんな人に訪れて欲しいのか、そのために必要な受入体制をどう構築していこうかと考え直せました」(山本さん)。

今後の展望

　「第1の顧客は“地域”である」という方向性のもと、様々な事業を展開する同団体。今後も自転車による地域振興を推し進めることが期待される。「多様な顧客（ファミリー層や、長期旅行のインバウンド）の獲得を視野に入れ、体力に応じたコースづくりや滞在プランを提示し、地域での消費行動へつなげたい」と山本さんは話す。

　さらに、インナーブランディング、つまり住民自身に地域のブランド価値を理解してもらうことや、住民らの自転車利用促進もまた欠かせない視点として山本さんは挙げる。自転車を通して、住民の健康づくりやコミュニティ形成などの豊かさ創出を目指すほか、子どもを中心とした取組みも推進している。

　「実は、『自転車でしまなみ海道を走ったことがない』という今治市の子どもたちは少なくありません。これまでも高校生対象のマナーアップ講座や、地域の子どもたちと一緒に自転車で走るスマートライドというイベントを開催してきました。2022年からは、地元の小学生や中学生が学校行事の中で自転車を体験する機会をつくる動きに関わるようになっています。子どもたちのなかに、『自転車の聖地』で生まれ育ったという誇りを育ててあげたいんです。大人になってからも、かつて自転車で走りながら知った地域の魅力を思い出してほしいと考えています」（山本さん）。

　以上、同団体による先進的な取組みの軌跡を辿ってきた。一つのコンセプトのもと、分野横断型で事業を進めることは、自然と人、人と人とのつながりの回復や伝統・文化の保全、安全安心な空間づくり、持続可能なコミュニティ形成を促し、地域に活力を与えていくはずだと山本さんは話す。

　「歩く人／自転車／車、この三者が道路をシェアできる優しさこそが、この地域の価値です。そういう町だからこそ、暮らしやすいな、ここで子育てしたいなと思える。そこにまた新たな人の流れが生まれる。……このような良い循環を、中間支援の立場からつくり出していくことが私たちの役割です」（山本さん）。

しまなみエリアを再訪したある観光客の言葉を山本さんはよく覚えているという。「サイクルオアシスのあのお母さんに会うために、また来ました」。わかりやすいランドマークをめぐるのではなく、移動の途上にある人々の暮らしや文化との出会いに価値を置く旅。"道"という移動のためのツールに目的地としての価値を育むことで、新たな旅への期待は広がっていく。同団体、そしてしまなみ海道エリアの新たな可能性に、今後も期待したい。

・本事例は、しまなみ海道地域を自転車旅行（シクロツーリズム）の地と
してブランド強化を図るとともに、持続可能な地域の暮らしを実現する
ことを目的として、NPO法人が、地域の関係者と協働し地域一体となっ
て取組みを進める事例として特色を有する。

・本事例の取組主体は、NPO法人であり、「顧客はサイクリスト（だけ）
でなく地域」と言われている点に現れているように、地域の住民・事業
者と旅行者をつなぐ中立的な組織として機能している。例えば、サイク
リストのトラブル対応・休憩などのニーズに応じるため、店舗（飲食店、
理髪店等）、民宿、お寺、農家や道の駅などの協力を得ながら、軒先を
提供する休憩施設（しまなみサイクルオアシス）の仕組みを構築するな
ど、ニーズの把握、地域との地道で、きめ細かい協働などの取組みの進
め方の面で、また、行政（自転車道の整備）、DMO（観光地域づくりを
行う組織）と連携しつつ、地域の住民・事業者と旅行者をつなぐ地域の
コーディネーターの役割を果たしているという機能分担という面におい
ても、観光地域づくりの事例として注目される。加えて、二次交通の活
用という点で、鉄道、船といった他の交通事業者との連携も参考となる。

・本書において着目する点である地域に与えた影響についてみると、サイ
クリングによる観光振興においてはサイクリストと地域住民の利害が対
立するオーバーツーリズムのような問題が見られる事例も見受けられる
ところ、本事例ではサイクルオアシスがサイクリストと地域住民等の交
流の拠点となるなど、入込客を増やすという視点だけでなく、地域住民
の交流という視点から取り組んでいる点が注目される。

また自主財源など事業運営の財源確保に関してみると、NPOの会費・寄
付の他にマップ・ガイドブック発行等の出版業、サイクリングツアー等
の旅行業、ゲストハウス運営などの宿泊業などの収益事業を自主事業と
して展開している点に加えて、本協会からの支援をはじめ様々な助成を
得て、新しい分野への参入、ニーズ把握、社会実験等を企画し、新たな
自主事業の確立につないでいる点も参考となる。

北海道ガーデン街道協議会

穏やかなガーデン、広大な畑と防風林の風景がひろがる十勝エリア

花が咲き乱れるガーデンと青々とした田園風景が楽しめる上川エリア

広大な北の大地で思いを持つ人たちが育んだ
個性あふれるガーデンの連携

　周囲には大雪山連峰や日高山脈を臨み、雄大な景色が広がる「北海道ガーデン街道」は、大雪〜富良野〜十勝を結ぶ全長約250kmに、北海道を代表する美しいガーデンが点在する観光街道である。「大雪森のガーデン」「上野ファーム」「風のガーデン」「十勝千年の森」「真鍋庭園」「紫竹ガーデン」「十勝ヒルズ」「六花の森」からなり、その規模は日本最大級。それぞれ特色を持つガーデンがエリアを超えて連携し、2009年に設立された（「大雪森のガーデン」は2014年にグランドオープンしたため5年遅れて加入）。2泊3日を基本とする滞在型の観光を創出し、ガーデンを見るだけでなく、宿泊や飲食とともに三位一体で魅力増進に取り組むことで「北海道ガーデン街道」を中心とする地域全体が盛り上がりを見せたことも注目される点だ。また2011年には道東自動車道が開通。既存の道央自動車道と直接結ばれたことで札幌や新千歳空港から十勝へアクセスする際の利便性が高まり、団体旅行のみならず、個人でガーデンをめぐる観光客も増加した。近年十勝ではサウナでの集客にも力を入れており、新たな観光の選択肢が生まれ始めている。

北海道・大雪〜富良野〜十勝

自動車道路開通で道央と十勝が巨大な三角形で結ばれ、観光と人流が生まれる好機に

北海道ならではの風景がそこかしこで
楽しめる

① 「紫竹ガーデン」でのびのび育つ花々
② 「十勝千年の森」の雄大なランドスケープ
③ 「六花の森」の静かな散歩道
④ 10月上旬の「風のガーデン」

①	②
③	④

ガーデンを育む人と人とが結びつき、北の大地に芽吹く緑のネットワーク

「上野ファーム」でSNSや写真映えを意識して置かれた七色のイス

①	②
③	④

①② 緑豊かなガーデン内で目を引く赤屋根の建物たち（真鍋庭園、上野ファーム）
③④ ガーデンを訪れる人たちが楽しみにしている園内での飲食（紫竹ガーデン、上野ファーム）

▲会長 上野砂由紀氏

北海道ガーデン街道協議会

設立：2009年
所在：大雪〜富良野〜十勝
（上川町・旭川市・富良野市・清水町・幕別町・中札内村・帯広市）

北海道ガーデン街道は、北海道の代表的な美しい8つのガーデンが集中している、大雪〜富良野〜十勝を結ぶ全長約250kmの街道です。

いずれのガーデンも北海道ならではの気候や景観を生かして個性にみち、力に溢れた庭づくり・景観を展開する観光庭園です。

2009年に支援金を得て、活用することにより、事業の推進をより早く、より効率的に進めることが出来ました。ガーデンのみならず、宿泊、飲食などより沢山の連携先ができ、北海道を代表する街道として成長することが出来ました。また、地域の振興にも寄与することができたと感じております。これからも持続可能な事業として進めて参ります。

北海道ガーデン街道エリアマップ

●帯広市内へのアクセス

自家用車

○道東自動車道・芽室帯広ICより約25分
○とかち帯広空港より約40分

公共交通機関

○羽田空港　▶（飛行機で約1時間30分）▶　とかち帯広空港
○札幌駅　▶（特急おおぞら・とかちで約2時間30分）▶　帯広駅
○札幌駅　▶（都市間高速バスで約3時間30分）▶　帯広駅
○新千歳空港　▶（快速エアポート、特急おおぞら・とかちで約2時間）
　▶　帯広駅

●十勝千年の森へのアクセス

自家用車

○道東自動車道・十勝清水ICより約15分
○とかち帯広空港より約45分

●上野ファームへのアクセス

自家用車

○道央自動車道・旭川北ICより約15分
○旭川空港より約25分

※情報はいずれも2024年1月現在のものです。

03 地域や業種を超えた連携が 新たな観光を拓いた「北海道ガーデン街道」

～十勝・富良野・旭川を結ぶ約250kmの広域観光～

　日本でも有数の農業地帯である北海道・十勝地方であるが、富良野・美瑛や旭川、阿寒などの観光名所に囲まれ、団体旅行に好まれるような景観型観光や大型の観光施設などがなく、地域住民や観光関係者の間では日帰り客が圧倒的に多い、通過型観光地という共通認識がなされてきた。そのため旅行会社やメディアでは「十勝は（観光客に）売れない場所」というイメージが長く定着。観光宿泊が200万人にものぼる富良野エリアに対し、十勝エリアの宿泊者は帯広を中心とするビジネス利用が主体であり、そのことに危機感を感じていたのは、現・北海道ホテル社長の林克彦さんを含む、十勝に拠点を持つ経営者たちであった。

　林さんは2007年に『十勝千年の森』をオープンした。「森を造ればカーボン（二酸化炭素）をオフセットできるとの考えのもと、十勝毎日新聞社が森づくりを始めたのがきっかけです。各方面から注目はされたものの観光振興にはならず、レストランとチーズ作りを始めました」と林さんは当時を振り返る。しかしレストランは3年ほど経つと客が一巡し、経営的に下降していくのが常と言われる。食の魅力だけでは地域への経済貢献に限界があると考え、新たな集客を図るために世界的なガーデンデザイナーであるイギリス人、ダン・ピアソン氏の設計によるガーデンを新たにオープン。ただ巨額の投資を行い、本格的なガーデンを整備したにも関わらず、当時のメディアや旅行代理店の反応は冷ややか。地元客を中心として年間2万人ほどの入場者があるだけだったと言う。

　そんな折に転機となったのが、2008年に著名な脚本家・倉本聰氏が手がけるドラマ「風のガーデン」が全国ネットで放映されたことだ。ドラマのロケ地にもなった

北海道ガーデン街道協議会の初代会長、
「北海道ホテル」の林克彦社長

富良野市の『風のガーデン』は、2004年に園芸誌のグランプリを受賞した『上野ファーム』のオーナー・上野砂由紀さんが手掛けたもので、放送翌年の2009年には一般公開され22万人を集客。一躍、北海道のガーデンは観光関係者の注目を浴びることになる。また時を同じくして有名な女性向け全国誌の編集長がガーデン取材のために北海道を訪れ「十勝と富良野、旭川のガーデンが素晴らしく、車を使えば200kmの距離も問題ではない」と伝えたこと、北海道大学の教授との会話の中で「東京から新たな客を連れてくるのは大変だが、すでに富良野に来ている人を呼び込むのは簡単である」とのアドバイスをもらったことなどから、林さんがたどりついたのが「北海道ガーデン街道」構想である。該当エリア内の7つのガーデン（後に8つ）を点から線へと結びつけ、各施設が連携して全国へ発信することで、ドイツの有名な観光街道「ロマンチック街道」と同様、道路を中心に地域全体をブランド化できるのではないかというアイデアであった。

　倉本聰氏の生み出すドラマの世界観や『風のガーデン』を真ん中に据え、それを旭川と十勝の両方のエリアから挟み込めば、新たな価値あるものを生み出せるのではないか（この考えを林さんはインタビューの中で『風のガーデン』をハンバーグに、旭川と十勝をパンに見立て、「ハンバーガー理論」と称した）。これを現実のものとするには、『風のガーデン』の監修を手がけ、倉本氏とも面識がある上野さんを説得するのが一番早いと考えた林さんは、早速、旭川の上野さんを尋ねた。

　「最初に林さんが訪ねて来たときには本当に驚きました。私自身、観光とは無縁でしたし、そもそも十勝と旭川では距離もあります。正直『連携してどうなるの？』という気持ちもありました」と上野さんは語る。ひとまず互いのホームページにリンクを貼るところから連携を開始することになった。

　十勝にも魅力的なガーデンがあるものの、「風のガーデンから十

『上野ファーム』のオーナー
上野砂由紀氏

勝へ」という流れはこの頃にはまだなく、また旭川と十勝は行政上の管轄もそれぞれ異なり（旭川：上川振興局、十勝：十勝振興局）、いうならば他県のようなもので、これまで繋がる機会はほとんどなかったという。それを、民間事業者である林さんが打ち抜いた形だ。

　「林さんは『十勝にあるガーデンは自分がまとめ、それぞれの自治体にも話を通す』と言って、実際にすごい勢いで話が進んでいきました。多少の強引さも含めて、彼のすごいところだと思います」と上野さんは語る。林さんは帯広で長年幅広い事業を営んできた企業グループの経営陣として、地域で日頃から培った信頼や人脈を活かし、キーとなる人たちを巧みに巻き込み事業を推進していく。この事業では民間事業者が活動の主体になっていることも特色である。例えば「この会社とこの会社とだけを繋ぎたい」となった場合、観光協会や商工会、DMO、自治体が主導すると、公平性などの観点から異論が出てきてしまうことが多い。その意味で、「北海道ガーデン街道」は公共団体では難しい領域に切り込んだ事業といえる。民間主体でスピーディーに進めながらも、途中で調整が必要なことがあれば行政にも声をかける、というスタンスだったため、自治体からの協力もスムーズに受けることができた。林さんの行動力と柔軟な対応力そのものが、本事業成功の第一歩だったといっても過言ではないだろう。そうして2009年、林さんを初代会長として「北海道ガーデン街道協議会」（以下、協議会）が立ち上げられた。

事業内容

　協議会は設立当初、自主財源だけでは運営に限界があるため、北海道庁の『地域づくり総合交付金』と高速道路交流推進財団の『第4回観光資源活用トータルプラン』を活用した。これらの助成でパンフレットとポスター、リーフレット（日本語、英語、中国語〈繁体字・簡体字〉）、ホームページを作成。7ガーデン（のちに8ガーデン）の中から自由に4ガーデンを選んで入場できる共通チケット（1枚1,600円）も作り、利用期間を4月29日から9月30日までとした。その過程では、どんなパンフレットにするか、共通入場券の作り方、ロゴに使用するイラストの一つひとつ、旅行代理店の攻略など、どうやればうまくいくのかを3ヶ月間に渡り、ほ

北海道ガーデン街道のパンフレット

ぼ毎日とことん話し合ったという。「北海道ガーデン街道」のターゲット
は主に60代以上の女性のため、来場者の目に直接触れる部分については、
上野さんを含む女性スタッフ達に一任された。特にパンフレットは必要な
情報のみを充実させることに注力。一般的に自治体が主導した場合、公平
性などの観点から地域の情報を全て網羅しようとする結果、受け取り手に
とっては不要な情報が多く掲載され、雑多な印象のものになってしまうこ
とが多いためだ。無料パンフレットでありながら、ガーデン愛好家がいつ
までも手元に残しておきたくなるようなものにこだわった。

　共通チケットを作る過程では、ガーデン各施設に加え、準会員である街
道沿いのホテルや観光協会とも連動。共通チケットの販売目標を1万枚
に定め、積極的な営業活動を行った。販売目標を達成すれば自主財源が確
保でき、次年度の広告費やパンフレットなどの印刷費を賄えるからだ。林
氏は「道内だけでなく、東京、大阪、名古屋の旅行エージェントに対して
も営業し、大手旅行エージェントすべてと契約してツアーを造成できたこ
とは、各関係者の連携と協働での情報発信の賜物。各観光施設単独では到
底できないことでした」と語る。林さんや上野さんたちの尽力もあり、共
通チケットは初年度から目標に迫る販売枚数を記録した（初年度8,700枚、
2年目14,600枚）。

　シニア層を中心とするガーデニング世代に、「北海道ガーデン街道」を
いかにして知ってもらうかが最初の課題になった。当時、ガーデニングや

117

バラの愛好家が一堂に会するイベントといえば『国際バラとガーデニングショウ』が圧倒的な集客を誇っていた。「私も講師として参加していましたし、開催されていたのが西武ドームでしたから（『風のガーデン』がある新富良野プリンスホテルも西武グループ）、協力的な雰囲気もあって、国土計画

『風のガーデン』の案内板では
庭に咲いている花の一覧が確認できる

協会の支援金で作成したパンフレットを持参し、数年間に渡り何万部も地道に配布しました」と上野さんは振り返る。実際、そのパンフレットを受け取った参加者から、かなりの数の申し込みがあったという。

　林さんはパンフレットを配りっぱなしにするのではなく、パンフレットを導線にガーデン街道を訪れた来場者にプレゼントと引き換えにアンケートに答えてもらうなど、顧客データを集めることにも注力した。「例えばどこの地域から何万人集まっているとか、どんな客層が多いとか、具体的なデータがあれば次の一手を打ちやすい。無闇に営業さえすれば売れるというものではなく、常に考えるべきは顧客心理とマーケティングであると考えています」と林さんはその狙いを語る。あわせて、2〜3泊の滞在型観光とするため、ガーデンを「見る」広域ルートの設定に加え、ホテル・レストランとも連携して「泊まる・食べる」も加えた三位一体のプランとした。また、オフィシャルホテルを据えたことでガーデン関係者以外にも協力関係が築かれ、ホテルスタッフによるパンフレットの配布や、ガーデン街道とコラボしたメニュー開発などがなされた。ここで注目したいのは、「北海道ガーデン街道」のチケット販売による、各ガーデン施設の売り上げ増だけが協議会の目的ではないことだ。「各ガーデンへの来場者が、ガーデンそのものや街道沿いの自然景観に興味を持ち、北海道ならではのガーデン文化に触れること、そして宿泊や飲食を通じて各地域のワインや日本酒、農畜産物、スイーツといった特産品をアピールし、北海道全体の地域振興に繋がることこそが最終的な目的なのです。そのため流行り廃りのない、息の長い観光商品づくりを目指してきました」と林さんは語る。

「十勝は元来人々が連携してみんなで観光を盛り上げる雰囲気が強固であると感じました。林さんは様々なグループ企業を手がけていて、一人よりも皆でやった方がいいものができることを感覚的にご存知でした。そんな十勝の風土を旭川まで広げてくれたのだと思います」と上野さんは話す。また、2011年に道東自動車道の夕張IC〜占冠ICが開通したことにより、既存の道央自動車道と直結。国道38号線と237号線、そして2本の高速道路が繋がったことで北海道中央部に巨大な三角形が生まれ、各地を結ぶ交通の利便性が格段に高まった。交通網の整備で大都市へと人口や資本が吸い取られる、いわゆる"ストロー現象"も懸念されたが、林さんは当時からあまり心配はしていなかったという。というのも、北海道外から飛行機で新千歳空港・旭川空港・とかち帯広空港へ降り立つ観光客や、道内各地から訪れる観光客は、多くがバスや自家用車、レンタカーで移動する。「交通の利便性も旅先を選ぶ際には重要な要素の一つ。各地への利便性が高まることでそれぞれとの繋がりがより強固になり、道路が走る周辺地域全体が潤うことになると思いました」と林さんは語る。実際、道路網の整備で、自家用車を活用する人々にとって十勝はより身近になった。現在では道路自体を大きな観光資源と捉え、「北海道ガーデン街道」近くのSA

やPAにある花壇や庭は、「北海道ハイウェイガーデン」としてガーデン街道のガーデナーが監修している。これはガーデン街道をめぐる人は、ほぼ必ずといっていいほど高速道路を使用するためで、街道全体のイメージ向上にも大きく寄与している。

北海道ハイウェイガーデン

事業の成果

　その後、「北海道ガーデン街道」の来場者数は35万人から55万人まで急増。北海道のガーデン愛好家は延べ15万人ほどといわれており、圧倒的な道外客の増加が見て取れる。事業開始3年後の2012年には、次の一

手として「北海道ガーデンショー」という大規模なイベントを立ち上げ、季節ごとの庭の変化を感じながら楽しめるようにロングランで開催、滞在型観光を確固たるものにした。

　また、この事例で注目すべき点は、各事業者がそれぞれの収益事業を確立するとともに、共通チケットやパンフレットなどを共同でプロモーションしていることが挙げられる。協議会が生まれたことで、ガーデナー同士にもつながりができ、結果的に北海道のガーデン全体のクオリティもボトムアップ。例年10月頃には8ガーデンすべての新しいトピックスをガーデン街道としてまとめ、福岡、名古屋、広島、関東、大阪、東京と、各ガーデン

『紫竹ガーデン』のガーデンショップでは
周遊チケットを購入できる

の事業者が手分けをし、自費での営業活動を行っている（2020年〜2022年のコロナ禍時は中止）。「お客様は"ガーデン街道"としてご覧になるから、それぞれが均等にすべてのガーデンの魅力を頭に入れ、きちんと魅力を共有して伝えられることを大事にしています。利益率だけ考えれば、自分のガーデンだけに来てもらうことが一番かもしれませんが、あくまでも「北海道ガーデン街道」の知名度アップを目的とし、その上で自分たちのガーデンを選んでもらえるよう工夫して切磋琢磨したことが良い結果につながりました」と上野さんは話す。また行政主導の場合、人事異動で定期的に担当者が変わってしまい、地域の多くの事業が途中で立ち消えになってしまうことが課題となっている。しかし「北海道ガーデン街道」の場合は、各ガーデンオーナーが担当者のような立ち位置で関わるため、その心配はない。上野さんは「自分たちの財布で運営しているからこそ危機感を持ち、各々が自分ごととして捉えられているのも大きいと思います」とも語る。

　各ガーデンの入場料も徐々に値上げしてきた。「ブランド＝価格」のため、安価にしすぎない点もポイントであるという。林さんは「外から来る人からはしっかりお金をいただくことも大切で、北海道の観光施設は全体的に入場料が安すぎると感じています。何度も訪れたい地元の人に向けてはお

手頃なプランを別に作ればいいので、価格に転嫁した分はしっかりと施設に投資をして、一度訪れた顧客の満足度を高めていくことこそが重要です」と話す。上野さんたちは、林さんから「ガーデン街道としての利益、つまり旅行会社に引かれる手数料などを考えて入場料を上げた方がいい」とアドバイスを受け、現在は大人1名あたり1,000円に入場料を設定している。一方で地元客を主なターゲットとしている年間パスは1,200円と安価に設定し、例年5,000枚以上を販売するという（上野さん）。北海道内には他にも多数のガーデンが点在するが、「北海道ガーデン街道」に加入しているのは有料施設のみである。「もし入りたいという要望があったとしても、今のところ増やす予定はありません。規約に則ってもらうことはもちろんですが、『旭川空港ととかち帯広空港の間で観光客をどう増やすか』を第一に考えているので、そのルートから離れてしまうと観光客の利便性は低くなるし、2泊3日程度で周遊できるルートを現実的に考えたとき、現在の8ガーデンが限界だと感じます」と林さんはその理由を語る。

　林さんは2021年に協議会の会長を退き、現在は上野さんが会長を務めているが、「北海道ガーデン街道」として利益を生み出し、その利益を活用して専任の事務局を据えることの大切さは上野さんも認識している。「（事業が）うまくいったのには事務局の存在が大きいです。専門の人が窓口になり、メディア対応を取りまとめ、各種連絡や共通入場券の発行なども一手に引き受けてくれました」と上野さんは振り返る。自分たちだけで運営しようとすると誰かに負担がかかってしまい、組織内のパワーバランスが崩れて立ち行かなくなってしまう。こうした仕組みづくり一つをとっても、皆が会社経営の感覚を持っていたからできたことだという（現在は帯広観光コンベンション協会が事務局を務める）。

テイクアウトメニューが豊富な
『上野ファーム』内のカフェ

支援事業後の展開

　それではコロナ禍の間はどうだったのだろうか。ガーデン人口の中心であるシニア層の女性たちは、コロナ禍でもっとも行動を制約された世代である。マイクロツーリズムが呼びかけられたことで近所の人は訪れたものの、大型バスを利用した団体旅行をする人が多数を占める「北海道ガーデン街道」にとっては大きな打撃となった。ただし特筆すべきは、2022年にはコロナ禍以前のほぼ90%程度まで回復していることである。これは屋外で過ごせるというガーデンの構造的な要素が大きい。「『上野ファーム』は個人のお客様が多く、現在はほぼコロナ禍以前の状況に戻っています（2023年8月現在）。偶然ではありますが、2020年に敷地内のカフェをテイクアウトスタイルにリニューアルし、若者も買いやすいメニューにシフト。ガーデンに持ち出して緑の中でくつろぎながら楽しんでいただいています」と上野さんは語る。この話の中には、「北海道ガーデン街道」の今後の展開の一つの方向性がみえる。『上野ファーム』は、他のガーデンと比較しても若い観光客が目に付くが、これは戦略的に発信の方法を変えた結果である。象徴的なのは7年前にオープンした「ノームの庭」だ。あえて写真に納めて美しく見えるよう計算され、シンボリックで可愛いらしい雰囲気となっている。「一戸建てのお家に住む主婦が憧れた1980年代のようなガーデニングブームはおそらくこれからはやって来ません。これまでのガーデン街道のお客様にこの先ずっと来ていただけるか考えると正直難しい中で、意図的にSNSを意識したフォトスポットや、若い人が好きそうなコンテンツをより多く発信するようにしました」と上野さんは話す。近年では「どれだけの（写真の）撮れ高があったか」というのが観光客の満足度の一つの指標になっており、花が綺麗であることは前提として、どれだけ来場者が思い出を作れるガーデンかということも大切な要素なのだという。

　一方の林さんは、『十勝千年の森』にガーデンサウナを作る計画がある。海外では動物園内にグランピング施設やサウナを作る事例が実際にあり、冬の閑散期にもサウナを通じてガーデンを利用してもらうのが狙いだ。各ガーデンも、それぞれに次なる魅力の発信を始めている。「サウナをオー

プンすることで、これまでガーデンに興味のなかった若い世代にアプローチしたいと考えています。『真鍋庭園』の真鍋さんは本業(樹木の生産販売)のほか、十勝が舞台となった連続テレビ小説「なつぞら」で使用された舞台セットを見るために多くのファンが訪れます。『紫竹ガーデン』はアイコン的な存在だったおばあちゃん(紫竹昭葉氏)が亡くなった今なお、彼女を悼むファンが訪れているし、『十勝ヒルズ』はアンブレラでSNS映えを意識、1,000人以上の観光客が訪れる日もあるといいます。ガーデンとしての素晴らしさは当然の魅力として、ガーデンだけにとらわれることなく、それぞれが今なお進化しています」と林さんは展望を語った。

このような取り組みはコロナ禍以降、特に顕著になっているといい、各

ガーデンの新たな取り組みそのものが、「北海道ガーデン街道」のブランド力の維持更新に寄与している点は大きい。ガーデン街道全体が潤うためには各ガーデンが協力しながら情報などは共有しつつ、さらに互いに切磋琢磨し続けなければいけないと林さんは考えている。地域資源や地域の魅力を自分たちがきちんと理解し、常に危機感を持ち続けることが今後もカギとなるだろう。

『真鍋庭園』内の
「なつぞら」舞台セット

ガーデンサウナになる予定の『十勝千年の森』の建物

【更なる展開】
新しい観光コンテンツで全国の愛好家を道東へ
〜十勝サウナ協議会の取組み〜

「十勝サウナ協議会」は 2020 年 4 月中旬に設立された。

　林さんは「北海道ガーデン街道」は成功させたものの、冬が約半年続く北海道でのオフシーズンの集客は引き続き課題となった。特に十勝は広大な平野であり、ウインターリゾートには向かない土地である。そのため冬のホテル稼働率は 50 ％程度に落ち込み、 1 泊 5,000 〜 6,000 円程度まで価格を下げざるを得なかった。そこで林さんが目をつけたのが視察先のフィンランドで体験した、フィンランド式サウナである。フィンランドにおけるサウナ繁忙期は 11 月から 3 月であり、まさに十勝が集客したい季節と合致、さらにサウナをテーマにしたテレビドラマが放映されることも知り、帰国後すぐ実験的に自社ホテルのサウナを改修した。すると売り上げが 3 倍ほどに伸びるなど、目に見える成果があったという。

　サウナの特筆すべき点に「ととのう」という作用がある。これまで数字的なデータがなかったが、サウナの第一人者・加藤容崇医師が 2013 年、フィンランドの 5 万人を 50 年間調査した結果を理論的にまとめた『医者が教えるサウナの教科書』を出版。正しい入り方で体に良い効果があることが証明されたのも好機となった。そこで「北海道ガーデン街道」で培ったノウハウを最大限に活用しながら、その後「十勝サウナ協議会」の会長となる後藤陽介さん（「十勝ガーデンズホテル」社長）らとともに、最初は 5 箇所のみでサウナでの集客を試みた。フィンランドと同じ冬の集客効果が得られるのかデータを取るため、2020 年には 800 枚の共通利用チケットを制作した。すると利用者の内訳は 20 〜 30 代が中心で、女性が 25 ％、男性が 75 ％ほどと、フィンランドの利用者層とほぼ同じであること、道内だけでなく道外からの利用者も多いこと（約 7 割）が判明。北海道でも成功するのではという確信へと変わり、現在では若者を中心に確固たる支持を集めている。

　「実際にサウナに入ると快感を覚えるだけでなく、睡眠の質が良くなる、食事が美味しく感じられるなど、ホテル側としても大きな投資をせずとも

効果を実感できるのも魅力です」と後藤さんは語る。林さんの勧めで後藤さんは「高速道路利用・観光・地域連携推進プラン支援事業」に応募。林・後藤両氏が撮影モデルも務めた「サウナ飯」の開発にはその支援金を活用し、メニュー開発やポスターの印刷なども行った。

十勝サウナ協議会の会長、十勝ガーデンズホテルの
後藤陽介社長

林・後藤両氏が撮影モデルも
務めたパンフレット

　2023年8月の時点で「十勝サウナ協議会」に所属するサウナは12箇所。十勝管内であれば情報は分け隔てなく公開しており、基本的な規約に則ればあとは自由なため、ワインサウナやミルクサウナなど個性あふれるサウナが誕生し、さらなる広がりを見せている。とりわけ話題なのは「北海道アヴァント」である。冬はマイナス20℃にもなる十勝の気候を活かし、凍った湖に穴を開けて水風呂として活用するダイナミックなスタイルで、1回20,000円～（宿泊費を含まず）という高価格帯でありながら大好評を博している。ホテルとしては利益が多く生まれる一方、利用者も大自然を肌で感じられるだけでなく、ホテルクオリティの安心感や安全対策が徹底されお値打ち感があるなど、双方に利点がある。サウナの主たる顧客である若者は、旅行代理店を通さない個人旅行が中心であり、施設やグッズの「おしゃれさ」や、魅力的なサウナを体感する「楽しさ」はSNSを利用して拡散されるからこそ、積極的な情報発信も欠かせないという。

「サウナの数はある程度飽和状態ですので、今後は単に施設を増やしても意味がない。サウナと何かを掛け合わせ、プラスαの楽しみをお客様に提案できたらと考えています」と後藤さんは展望を語る。一昨年にはサウナの日本発祥の地が、北海道の根室であると改めて全国的にも知られるところとなった。「根室とは十勝と同じ道東エリアとして連携しながら、サウナ愛好家に"聖地めぐり"をしてもらえるようになれば、さらに面白くなりそうです」と林さんは話す。サウナは全国的にも愛好家が増えているが、アイヌ民族の聖地を含む起伏のある雄大な自然の中でサウナを楽しめるのは、北海道ならではの体験といえる。一過性のブームではなく、道東エリア全体として今後もさらに盛り上がりを見せていくものと思われる。

・本事例は、ガーデンを運営する事業者が協議会を形成し、約250kmの範囲に跨る8つのガーデンを周遊する広域観光のプランにより、新たな地域の連携を生んだ事例として特色を有する。

・本事例の成果の要因は、富良野の「風のガーデン」によるガーデンブームの機を活かし、旭川から帯広に南北に跨る広域の地域に点在していたガーデンを、(「ハンバーガー理論」と称する発想により)「北海道ガーデン街道」というブランドを形成した点に加え、(本支援事業の実施主体が、観光協会・DMO・商工会やNPO法人が多い中)ガーデンを運営する民間事業者が、採算・収益をベースとして、それぞれの特色あるガーデンを独自に運営しつつ、集積の経済などの経営的視点から、協議会を結成して、共通入園券発売や共同プロモーションを行うことで、共同の取組みを実現した点が大きい(各ガーデンの新たな取組みが「北海道ガーデン街道」というブランドの維持更新にもつながっている点も着目すべき点である)。

また、道央自動車道の全面開通による空港等からのアクセス向上による広域周遊プランとした点も、高速道路を活用した観光地域づくりの展開の事例として有意義なものである。あわせて、2～3泊の滞在型観光とするため、ガーデンを「見る」ことに加え、ホテル・レストランとも連携して「泊まる・食べる」という三位一体のプランとしている点でも参考となる。更に、「北海道ガーデン街道」の取組みをベースに、ガーデンの閑散期の集客対策という地域の課題に対して、サウナを活用した新たな取組みを行っている点も注目される。

・本書において着目する点である地域に与えた影響についてみると、広域の事業者連携・地域連携により、滞在型観光を実現している点があげられる。また自主財源など事業運営の財源確保に関してみると、各事業者が料金値上げ等を行いながら収益事業を展開するとともに、協議会としては、共通入園券により財源を確保し、それにより共通パンフレットや共同プロモーションを行っている点も注目される。

一般社団法人
小城市観光協会

猛暑の九州で涼を呼ぶ風景が人気

清水観音を訪れる人たちを長年受け入れてきた

「日本一の鯉の町」を目指し一念発起
コロナ禍の中でも続けたたゆまぬ努力

　佐賀県の中央に位置し、県庁所在地・佐賀市に隣接する小城市は、2005年に4町が合併して誕生した。北に天山山系、中央部には肥沃な佐賀平野の田園地帯、南には日本一の干潟・有明海を擁する、変化に富んだ95.81平方キロメートルの市である。その中でもJR唐津線の小城駅に近い旧小城町エリアには、名産品の「小城羊羹」を売る店が軒を連ね、江戸時代の城下町の雰囲気が残る。明治以降、エリアの北部にある「清水の滝」と、その傍らの「清水観音」を訪れる参拝者のために提供し始めた鯉料理が名物となったが、近年は観光客が減少し、観光地としての整備も進んでいなかった。そこで『日本一の鯉の町』として、小城市観光協会や市役所、鯉料理店の若手経営者たちが再生に乗り出した。暑い夏に涼を求める人々や、「SNS映え」を求める人々に向けて、アイデアあふれる情報発信やブランドイメージ構築を図り、新たな観光ニーズを掘り起こしている。

佐賀・小城市

スマートインターチェンジ開設を契機に
福岡・長崎から人を呼び込む努力を継続

昔懐かしい小城駅と、
長年食べ継がれてきた鯉料理

①	②
③	④

①② 統一感を持って整備された看板や暖簾
③ 地域を支えてきた鯉に感謝する供養塔
④ 清水地域を盛り上げるため様々なキャンペーンが行われている

はるか昔から続く清らかな水の流れが、山あいに生み出した新たな賑わい

地元関係者と飲料メーカーが協力して設置されたカルピス風鈴棚

① 清水の滝、清水観音へも気軽に足を運べる
②③ 福岡から特急・ローカル線を乗り継いで小城まで行くことも可能
④ 老舗羊羹店は観光客、地元客で賑わっている

①	②	③
	④	

▲坂東俊哉氏

一般社団法人　小城市観光協会

設立：2010年4月1日
所在：佐賀県小城市小城町 253-21

佐賀県のほぼ中央、北に天山山系がそびえ中央に肥沃な佐賀平野が開ける小城市。南部はムツゴロウで有名な日本一の干潟、有明海に面する自然豊かなまちです。天山山系から流れる祇園川は、佐賀県一の蛍の名所として知られており、「ふるさといきものの里 100 選」にも選定されています。そんな佐賀県小城市でつくられる小城羊羹、竹下製菓のブラックモンブラン、天山酒造など九州を代表する銘菓・日本酒の起源は美しい自然の中から流れ出る清流からはじまりました。豊富な自然と歴史があふれる小城市に是非お越しください。

小城市エリアマップ

- 天山
- 荒谷ダム
- 清水の滝
- 八丁ダムキャンプ場
- 佐賀大和 IC
- 小城スマート IC
- 長崎自動車道
- 小城市観光協会
- 203
- JR 唐津線
- 小城駅
- 小城市役所
- 34
- 梧竹観音堂
- 久保田駅
- JR 長崎本線
- 佐賀駅
- 陽だまりの丘公園
- 牛津駅
- 江北駅
- JR 佐世保線
- 444
- 九州佐賀国際空港

● 小城市へのアクセス

自家用車

○長崎自動車道・小城スマートICより約10分

公共交通機関

○博多駅　▶（特急かささぎ・みどり・リレーかもめで約40分）▶
　佐賀駅　▶（唐津線で約15分）▶　小城駅
○長崎駅　▶（西九州新幹線かもめ、特急リレーかもめで約1時間）▶
　佐賀駅　▶（唐津線で約15分）▶　小城駅
○佐賀空港　▶（リムジンタクシーで約40分）▶　小城駅

● 清水エリアへのアクセス

自家用車

○長崎自動車道・小城スマートICより約5分

佐賀県
福岡県
福岡 IC
唐津 IC
鳥栖 JCT
小城スマート IC
伊万里
東府招 IC
長崎県
熊本県

04

スマートインター設置を契機に「鯉料理」&恋の聖地という新たな魅力を創造

〜小城・清水の滝での観光産業ブラッシュアップ〜

　佐賀県小城市は、小城町・三日月町・牛津町・芦刈町の4町の合併により2005年に誕生した。三日月町には一部が国史跡に指定された土生（はぶ）遺跡があり、弥生時代に大陸から文化が流入していたことがわかる。鎌倉・室町時代には千葉城を中心とした中世都市として栄えた。千葉氏が茶道・書道・武道など京都の文化を持ち込んだことで、旧小城町エリアは「九州の小京都」と呼ばれ、江戸時代初期から幕末まで、鍋島氏による小城藩の城下町として繁栄した。長崎から小城を通って小倉へと続く「長崎街道」は参勤交代やオランダ商館長の江戸参府など、様々な人や文化が行き交う道であり、日本遺産では「砂糖文化を広めた長崎街道〜シュガーロード〜」に認定されている。日本が鎖国していた江戸時代にも、シュガーロード沿いにある小城では、長崎から砂糖や菓子作りの技法を入手することができ、茶道文化が定着していたことから茶菓子としての羊羹が発達。市内には20もの羊羹店が軒を連ねている。現在は佐賀県であるが、1871年の廃藩置県では「小城県」であった歴史ある地名。それを冠した「小城スマートIC」が2018年に長崎自動車道へ設置された。九州一の大都市・福岡から車で1時間程度という立地を活かそうと、小城市観光協会では同IC近くの「清水（きよみず）エリア」にフォーカスした観光活性化策の実施を決定。観光協会や市、地元の店舗や企業の協力体制を作ることで地域が潤い、小城市全体に循環するようなしくみづくりを目指した。

地域の課題など事業の背景

　小城市の山間部にある清水エリアには、環境省による「昭和の名水百選」にも選定された清流・清水川があり、その上流には景勝地「清水の滝」がある。江戸時代に清水観音が創設され、昭和初期からは滝行の聖地として、境内にあふれんばかりの行者が訪れた。小城スマートICから車でわずか3分という好立地にある名勝ではあるが、事業着手前は周辺の観光情報を伝える看板等もなく、観光地として最低限の設備も乏しい状況だった。

清水の滝

同エリアには、清流を活かした鯉料理専門店が多くある。「清水の鯉料理」の歴史の始まりは、約130年前の1894年に遡る。現在も残る鯉料理店『深松屋』の創始者である深川中左ェ門氏が、清水の滝を訪れる行者のために宿泊所を設けようとした。その夕食の膳に関する相談を受けたのが、当時の清水観音山主である第二十一世圓海（えんかい）住職（法印）だ。圓海法印の実父は馬術指南役の八代文辰（ふみとき）居士であり、幕末に藩主鍋島公の勅命で現在の長野県まで養蚕生産技術を習得しに行ったことがあり、「信濃では夕膳に鯉の洗い・鯉濃汁（こいこく）を食べた」と語っていた。そのことを思い出した圓海法印は、鯉料理を提案し、調理方法まで教えた。

1903年には国鉄唐津線（佐賀駅〜唐津駅間）が開通したことで、翌年の正月には清水観音に参詣する人が爆発的に増加。滝行目的の行者だけではなく、鉄道で来る一般の参拝客も増え、宿泊する場所にも困る状態であった。そこで『深松屋』、『滝見屋』、『清水屋』の3軒が旅籠として開業し、宿の夕食として鯉料理の提供を開始した。清水の鯉は養殖された鯉を湧水で1か月ほど飼うのだが、その間はエサを与えない。鯉はだんだん痩せていくが、余分なものがそぎ落とされ、身が引き締まって美味しくなり、川魚独特の臭みもなくなる。その鯉を薄く切って清流水で強く叩き混ぜ、氷で冷やしながら大鉢皿に牡丹の花が開くように美しく盛り付ける。コリッとした食感も魅力で、自家製の酢味噌がさらに旨さを引き立てる。鯉濃汁と合わせて美味いと評判となり、口コミで広まって行った。

その後、終戦後の1960年代には、いったん生鯉業は衰退。しかし高度経済成長期の1970年頃に排水汚染公害が多発したことで、清らかな「清水の滝」は再び脚光を浴びることとなった。近隣地域を中心に各地から多くの参拝者が清水観音を訪れ、土用の丑の日参りを終えた後に鯉料理を味わうのも好評だった。行者を受け入れる3軒の宿から始まった鯉料理専

門店は、最盛期には15軒ほどにも増えた。あまりにも多くの鯉を調理したので、鯉への感謝と放生を念じ、清水観音の敷地に「清水鯉供養塔」を建立するほどであった。

　小城市観光協会の坂東さんは、「それから半世紀を経た現在では、鯉料理店は7軒になりました。うち1軒は休業中と最盛期より半減。ほとんどが家族経営で、各店バラバラに活動している状態でした。横のつながりや当観光協会等との連携もなく、"名物・清水の鯉料理"は存続の危機に瀕していました」と語る。そこで当時、観光協会の担当だった朝永さんが、国土計画協会の「高速道路利用・観光・地域連携推進プラン支援事業」の支援を活用して清水エリアの観光資源再構築を行い、100年以上も続く鯉料理をなんとか存続させようと動き出した。

事業の目的と具体的な内容

　朝永さん（現在はふるさと納税の担当に異動）に、当時のことを伺った。「清水の鯉料理」を再生する事業を始めたきっかけは、2017年まで同地で行われていた「清水竹あかり」だと言う。2万本の竹灯籠に30万本のロウソクを並べるイベントで、福岡などから10日間でのべ2万人もの観光客が小城を訪れた。開催8年目までは観光客数も伸びたが、夜に開催するイベントでは物産や食事など地域への波及効果が少なく、開催9～10年目には赤字になってしまい、渋滞でクレームにつながったこともありとりやめとなった。そこで観光協会では、昼間に集客できる新たな観光資源を探していた。「近年、夏の猛暑日が話題になりますよね。そこで「清水の滝」がある小城は"清流"、"涼やか"というイメージを訴求しやすいと思い、『小城スマートICを活用して、ヒートアイランドの福岡から避暑に来て！』と呼びかけることを考えました。観光客を呼ぶには、『日本一の○○』というとんがった部分が必要なので、『日本一の鯉の町』のブランド化も進めたいと思いました」と朝永さんは振り返る。

　国土計画協会の「高速道路利用・観光・地域連携推進プラン支援事業」に採択された事業には、柱が三本あった。①集客スペースの設置、②清水鯉料理のブランド化、③PR事業の3つだ。まず集客スペースとして、

カルピス風鈴

SNSに投稿する若者や女性をターゲットに"夏の避暑地として涼やかな場所、SNSでアップしたくなるような場所"を設置しようと考えた。「清水の滝周辺は携帯電話の電波が届かないので、国内外の来訪者がネットにアクセスできるように、最初にフリーWi-Fiを設置することから始めました。二次元コードで英語ホームページにもアクセスできるので、インバウンド対策にもなりました」と朝永さんは振り返る。

　清水観音の敷地は緑が多く、川も流れており見ただけで涼やかだが、そこにさらに7月から9月末までの夏季限定で、日本唯一の「公式カルピス風鈴」（短冊にカルピスという文字が書かれている）のトンネルを設置した。鯉料理振興会・観光協会・小城市の3者で協力し、木製の風鈴棚を設置したのだ。美しい見た目と共に、カランカランという涼やかな風鈴の音が聞こえる"映えスポット"として、一躍人気になり、SNSを活用したカルピス風鈴のフォトコンテストも開催した。

　カルピス風鈴棚が実現したのは、カルピスの創業者が、小城市出身で「書聖」と呼ばれ「明治三筆」の一人でもある中林梧竹（なかばやし・ごちく）を崇拝していたからだ。これが縁となり、製造元のアサヒ飲料株式会社から小城でのカルピス風鈴の使用を快諾してもらえ、数百個もの風鈴の無償提供を受けることができた。カルピス風鈴棚の手前にある約10mの切通には、涼しげに風になびくカラフルな旗を上から吊り下げる「虹色街道」を設置した。7枚×7セットもの旗がふわふわとなびく風景も、SNS映えスポットとして話題になり、浴衣姿の若い女性やカップルが詰めかけた。「7月に

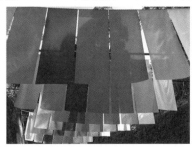

虹色街道

木製の棚を組み立てて、風鈴を吊す作業はすっかり年中行事化していますね。また風鈴の棚を作る時には、少し費用が高くても、地元の人たちを巻き込むためにあえて地元業者に発注しました」と工夫した点を朝永さんは語った。各所に説明して協力者を募り、実現に向けて地元をまとめていった。

こいの鐘

　清水観音がある宝地院の住職が、40歳台と若かったことも幸いした。「お寺とは思えないような新しい取組みにも協力的で良かったです。また住職が子だくさんなので "鯉" と "恋" をひっかけて、何か考案しようとしました。本来は『恋人の聖地』に申請したかったのですが、予算がなかったので、資材などを工夫して『こいの鐘』を設置しました。眺めのいいところがお寺の前にあり、その場所でカップルが鐘を鳴らすと幸福になれる……と話題になりましたね」と朝永さんは語る。鐘の設置に合わせて、住職のお寺で願いを込める絵馬や願かけ風鈴なども販売するようになり、若者向けの体験スポットに変わっていった。

　その他にも、紅葉を眺めつつ日本名水百選の「清水川」にて行うテントサウナ「おぎでととのい」プロジェクトを 2 回実施した。コロナ禍が沈静化してきた 2022 年 11 月には 39 名の参加者（男性 32 名、女性 7 名）を集めた。県内からの参加者が多かったが、福岡県からも 10 名以上が参加した。2,000 円のサウナチケットに 300 円の鯉料理割引券を付けるなどし、好評を博した。また、紅葉は秋限定だが、参道にある「さが名木 100選」に選ばれた樹齢 500 年の 2 本杉をライトアップし、今まで注目されていなかった杉を観光資源化することにも成功した。

　2 本目の柱が、「清水鯉料理のブランド化」である。2022 年から、ロードマップやロゴマークを作成した。「NEXCO 西日本さんが会議で『鯉料理店共通のロゴマークを作成してはどうか』とおっしゃったことがきっかけで、全国から公募したんです」と朝永さんは語る。全国から 800 件近

く寄せられた中から、キャッチコピーは「清らかな水の贈り物」に決定。ロゴマークも清流を感じさせるデザインを選んだ。それを見て、鯉料理振興会員の一人が「このロゴを活用して、統一感のある暖簾を作ろう」と提案した。支援事業がきっかけとなり、行政主導ではなく、地元が主体となった取組みをどんどん進めて行くことができた。

清水鯉料理のロゴマーク

また鯉料理店が立ち並ぶエリアの手前にある観光駐車場に、大型観光看板を新しく設置するとともに、目的地までの距離がわかるルート案内看板も、新たに3か所設置した。元々あった看板は情報が古かったため、塗り替えてウェルカムボードとしてリユースした。またマップに「日本名水百選・清水川」を初めて書き込み、清流の観光資源化に努めた。今までは「鯉料理」という文字だけが並ぶ看板がほとんどだったが、清水地区に初めて来た観光客でも「鯉料理が美味しそう」とイメージしやすいよう、写真入りの案内看板・店頭看板を作成。観光看板にも鯉料理の起源や、どう健康に良いのかなど特長も記載し、食べたくなるように工夫した。シックな茶色い観光看板に合わせて、汚れた白いガードレールや色褪せた橋等も茶色に塗り直し、和風でモダンな景観が生まれた。「熊本県の黒川温泉郷のような、落ち着いた風情ある風景にしたかったんです」と朝永さんは語る。

3本目の柱が、PR事業だ。屋台文化のある福岡から講師（軒先リヤカー研究所）を招き、屋台セミナーを開催。実際に屋台を5台作成するワークショップを行った。2021年・2022年にはNEXCO西日本と連携し、スマートICが設置された小城PAで、その屋台を活用したイベント告知・小城羊羹の販売を行った。またカルピス風鈴フォトコンテスト、テントサウナ、物産展「こいこい祭り」などの告知を、SNS中心に行った。

なお本事業は新型コロナウィルスの感染拡大の直前に採択されたが、2020年4月から2023年3月までの支援期間がまるまるコロナ禍の外出制限と重なり、イベント告知や集客は県内中心とせざるを得なかったことを付け加えておく。

事業の成果

鯉料理専門店で営業している6軒の後継者が40歳台と若く、新しいことに積極的だったこともうまく作用した。「鯉料理の統一したロゴを設けたことで連帯感が生まれました。また洗練された雰囲気のロゴや暖簾は鯉料理店スタッフからも喜ばれており、働くモチベーションアップになります」と朝永さんは語る。

清水の滝案内板

風に揺れる「カルピス風鈴」の涼やかな音色は、動画などがSNSに数多くアップされ、小城市の涼しげなイメージづくりに役立った。また、佐賀県出身の芸人が、2022年8月に放映された地元民放局の番組でカルピス風鈴・清水の滝・鯉料理を紹介してくれたおかげで、放映翌週からは観光客が倍増した。

カルピス風鈴が注目された際、小城スマートICからの好アクセスが評価され、観光バスツアーに「清水の滝」が組み込まれた（福岡・長崎・大分を巡るバス2台が週2～3回）。現状ではまだ鯉料理を味わう時間はないが、「清水の鯉料理」のPRにつながっている。「いきなり『鯉を食べよう』ではなく、キーワードは"水"。まずは滝に来ていただき、小城名物・鯉料理を知っていただくことが大事です。今まで鯉料理を口にしたことがない家族・カップル・ひとり旅の男性バイカー等も食べに来てくれるようになりました」と朝永さんは手ごたえを口にする。

支援事業後の展開

　地元住民の意識も変わってきた。カルピス風鈴が評判となったおかげか、2020年よりJR小城駅に地元の高校生が作った風鈴が設置された。清水地区に加え、小城駅周辺にも「夏の避暑地・小城」というイメージを醸成。清水エリアの住民が自発的に声かけをして、2022年11月に清水観音において竹灯籠イベントを開催するに至った。

　企業との連携も進んでいる。アサヒ飲料からはカルピス風鈴やインスタフォトコンテストの賞品などの無償提供を受けた。またNEXCO西日本には、小城PAでのPRに加え、長崎自動車道・金立SAでのイベントチラシ置き場設置などの協力も受けた。2023年には清水エリアの集客スペースでの地元企業のPR企画を行った。

　夏には鯉料理店で食事をした方へ、清水エリアで開催する小城市物産展「清水こいこい祭り」の割引券を配布。小城羊羹・有明海苔・野菜など市内全域の物産の販売強化につながった。小城羊羹も受験生向けの『よう考える』や『You can』、カブトムシ型の羊羹やカシューナッツ入り羊羹など、工夫した様々な商品を開発しているが、観光客が多く訪れる清水エリアで注目を集めることでPRにつなげることができた。

　今回の支援事業では清水エリアにフォーカスしたが、他のエリアから「不公平」等のクレームはなかったそうだ。合併後の他エリアに著名な観光地がなかったことと、既に観光客が訪れていたエリアをブラッシュアップする内容だったからだ。「観光協会として初めて取り組んだ外部からの支援事業でしたが、まず目的を決め、シンプルでわかりやすい手法をとることで、小城市役所商工観光課やNEXCO西日本九州支社の濵野地域共創担当部長、鯉料理振興会、清水観音の住職など、協力してくださる方を増やしていきました。支援期間中には合計13回の会議を開催。例えばロゴが決まったら、

鯉料理共通ののれんとロゴマーク

『これで暖簾を作ろう』など、1人では思いつかないアイデアが次々と出て来ます。思い描く未来をみんなで共有しながら、ひとつひとつをカタチにしていきました。地域が変わるワクワク感は来訪者も敏感に感じ、メディアやSNSで拡散されます。事業を通じて出来た信頼関係は宝物で、新しい課題があっても越えていけるパワーがあります。人とのつながりを大切にする事が事業の成功に繋がります」。そう語る朝永さんの熱意が、周囲の人たちを動かしたのではないだろうか。

国土計画協会事業担当より

・本事例は、スマートIC開設によるアクセス向上を活かし、地域の観光協会が、地元の料理店・店舗等と協力体制を構築することにより、かつて栄えた観光地を再生する取組みであり、広域観光の取組みが多い本事業の中で、一自治体内の特定の地域においてエリア整備を行う事例として特色を有するものである。

・本事例の取組内容は、集客スペースの設置、清水鯉料理のブランド化、PR事業である。具体には、「カルピス風鈴」、「虹色街道」などの"映えスポット"を整備したり、SNSを活用したフォトコンテストを開催したり、テントサウナのプロジェクトを行ったり、鯉料理のロゴマークを作成し暖簾に使用することで各店舗一体となって統一感のある取組みを展開するなど、若者もターゲットに含め時流に沿った方法を採用し、多様な取組みが行われている。

・その際、地域の鯉料理店や物産店、お寺、企業、道路会社等と協働して取組みが行われている点も参考となる。

・本書において着目する点である地域に与えた影響についてみると、①「カルピス風鈴」の動画などがSNSに多くアップされ小城市のイメージアップに役立った点、②観光バスツアーに組み込まれるなど観光客も増えた点、③飲食・物産の割引券を配布することで来訪者による地元消費を喚起した点、④取組みがきっかけとなり地元住民の意識も変わり地元の高校生や住民によるイベントが開催されるなどの展開が生まれた点などが注目される。

一般社団法人
地域発新力研究支援センター

豊かな四季に恵まれた南砺市　　　　　山あいの静かな湯涌温泉街

古くから一本道で結ばれてきた湯涌・南砺を
"物語"と高速道路で再び結び付けて

　県境を挟んで隣接する石川県金沢市湯涌温泉・富山県南砺市は、江戸時代
は同じ加賀藩に属していた。加賀藩の命で南砺市五箇山で製造された塩硝（火
薬の原料）を、加賀藩歴代藩主の湯治場だった湯涌温泉を経由して金沢まで
秘密裏に運ぶための街道が作られるなど、歴史的にもつながりの深い地域で
ある。

　近年では、南砺市に拠点を持つアニメーション制作会社である株式会社ピー
エーワークスが、湯涌温泉を舞台モデルとしたアニメ作品を制作。温泉街の
人たちが作中に登場する祭りを「湯涌ぼんぼり祭り」として実際に再現する
など、メディアコンテンツを通じた新しいつながりも生まれている。

　2008年には、一宮JCTから小矢部砺波JCT間の東海北陸自動車道が全通、
2015年には南砺スマートICの供用開始、2023年末には城端SAにスマー
トICが開設されるなど、両地域の高速道路ネットワークの充実化が進み、
観光分野でのさらなる活用が期待されている。

金沢・湯涌温泉

三百年続く温泉宿の誇りを保ちながら 周辺地域との連携で新規顧客を開拓

「湯涌ぼんぼり祭り」の様子

① 「湯涌ぼんぼり祭り」で販売されるアニメ作品とのコラボグッズ
② いつもは静かな温泉街が、祭りの日は大勢の人たちで賑わう
③ 南砺市名産のかきもちと金沢名産の加賀棒茶セット
④ 湯涌・南砺をアニメでつなぐ取組みが 2019 年より継続的に行われている

①	②
③	④

	①	
②	③	
④	⑤	

① 2022 年にアニメ『花咲くいろは』とコラボしたドライブプラン　② 北陸最大の人造湖、桜ヶ池
③ 市内と金沢を結ぶ路線バスに採用されたアニメコラボラッピング
④ 古い街並みが年 2 回の祭りで彩られる城端地域
⑤ 桜ヶ池をのぞむ東海北陸自動車道・城端 SA 横にある「南砺市クリエイタープラザ」

一般社団法人 地域発新力研究支援センター（PARUS）

設立：2015 年 8 月 10 日
所在：富山県南砺市立野原東 1514 番地 18 南砺市クリエイタープラザ
団体の略称「PARUS」は英語で小鳥のシジュウカラのことです。森の中で「遠くまで届くよく通る声」で鳴くこの小鳥のように「地域が発する力」を多くのみなさんにお届けするお手伝いができればとの思いでつけました。

▲代表理事 佐古田宗幸氏

　私たちの理念は「桜ヶ池ファミリアの実現」です。『桜ヶ池ファミリア』とは、体験と物語とを繋ぎながら地域を元気にするプロジェクトです。本拠地が高速道路の SA と隣接していることから、高速道路利用者との接点をどのように作り、「目的地」として頂くかは長年の課題となっていました。

　今回「高速道路利用・観光・地域連携推進プラン支援事業」でご支援頂いたことで、民間だけでは着手が難しい、地域事業者と連携した高速道路利用プランの開発、文化イベントの開催、体験メニューの開発など、特色ある取組を実現することができました。PARUSはこれからもこの地域を中心として経済的・文化的活動を行い、個人や地域の持続可能性を創り出すことで『桜ヶ池ファミリア』を実現し、その結果を地域に還元していきます。

湯涌温泉 & 南砺市エリアマップ

● **湯涌温泉へのアクセス**

自家用車
○北陸自動車道・金沢森本ICより約30分
○東海北陸自動車道・福光ICより約40分

公共交通機関
○東京駅 ▶（北陸新幹線で約2時間半）▶ 金沢駅
○名古屋駅 ▶（特急しらさぎ、北陸新幹線で約3時間）▶ 金沢駅
○大阪駅 ▶（特急サンダーバード、北陸新幹線で約2時間）▶ 金沢駅
　　　　　金沢駅から北陸鉄道路線バスで約50分

● **南砺市へのアクセス**

自家用車
○北陸自動車道・五箇山IC、福光IC、南砺スマートIC、城端スマートIC利用

公共交通機関
○東京駅 ▶（北陸新幹線で約2時間半）▶ 新高岡駅
○名古屋駅 ▶（加越能バス、イルカ交通高速バスで約3時間）▶ 城端SA
○大阪駅 ▶（特急サンダーバード、北陸新幹線で約2時間半）▶ 新高岡駅
　　　　　▶（JR城端線で30〜50分）▶ 市内

05

高速道路ネットワークを活用し
湯涌・南砺を「物語の生まれる里」に

~石川と富山で手を携えアニメ作品の舞台モデルでの取組を継続~

　本事業の舞台となる石川県金沢市湯涌温泉と富山県南砺市は、県境を挟んで車で30分ほどの距離にあり、江戸時代には同じ加賀藩という歴史的にもつながりの深い地域でありながら、明治以降、近年まで目立った往来が途絶えていた。本事業は、アニメーションを媒介として地域を周遊するドライブプランを立ち上げ、湯涌・南砺の各事業者が連携して展開を行っている事業である。以下、各々特徴の異なる地域が、どのように課題を抱え、連携を取るに至ったのかを辿りたい。

地域の課題など事業の背景

　まず、金沢市湯涌温泉は金沢市中心部から南東へ車で20分の郊外に位置し、1300年の歴史を誇る「加賀前田藩主の隠し湯」の温泉街として知られている。2015年に北陸新幹線金沢駅開業によって観光地として脚光を浴びるまでは、主に企業の歓送迎会や町内行事、冠婚葬祭など、県内の地元客を中心に賑わいをみせた。しかし、景気の後退によって団体や行事での利用が減り、若い世代が湯涌温泉の存在を知る機会を失ったことで利用者が減少。新しい顧客開拓が早急に求められる状況にあった。

　また、山々に囲まれ、老舗旅館が立ち並ぶ風光明媚な街並みや、大正時代の画家・竹久夢二のゆかりの地として「金沢湯涌夢二館」などのスポットはあるものの、旅館の宿泊者が周遊できるコンテンツが湯涌温泉のエリア内に少なく、時間を有効に活用するには近隣との連携が課題となっていた。湯涌温泉観光事業協同組合の事業部長である山下さんは「湯涌温泉に来たら、その前後の時間をどう使ってもらうか？をいつも考えていた」という。

山下新一郎氏（金沢市湯涌温泉「いろは館」にて）

一方、富山県の西端に位置する南砺市は、富山県庁まで車で1時間以上かかる一方、金沢市まではその半分と近い。湯涌温泉と事業連携を行った佐古田さんが代表を務める一般社団法人地域発新力研究支援センター（以下、PARUS）の拠点は、南砺市の旧城端町立野原地区にあり、戦前は砲撃訓練などが行われる旧日本陸軍の演習場として利用されていたため、元より一般住民が生活をする地域ではなかった。戦後、桜ヶ池周辺の整備などの整地開拓が行われ、行政主導で観光開発を実施。2000年に東海北陸自動車道の五箇山 IC- 福光 IC が開通し、同地区に城端 SA が設置されると、ホテルや直売所などが整備され急速に拓けた。

佐古田宗幸氏（南砺市「桜クリエ」にて）

　しかし、JR 城端駅のある中心部からは約5km の距離、1日10往復の市営バスが唯一の公共交通機関と、交通の便の悪い場所だった。「私が来た時は草っぱらという印象でした。地元の人にとって高速道路は、サービスエリアなどはあっても観光客が使うのがメインなので関心がない。施設があるのにうまく活用されていないのがもったいないと感じました」と佐古田さんは当時を振り返る。

　2016年にアニメーション制作会社 ピーエーワークスが城端町の中心部から立野原地区に移転。さらに同地区に新たなクリエイティブ施設として、「南砺市クリエイタープラザ（桜クリエ）」が建設されると、佐古田さんはその管理責任者に就いた。施設内のショップやカフェの運営も手がける中で、目の前を走る高速道路を誘客に活用できないか？と思案していたところ、2011年放送のピーエーワークス制作のアニメ『花咲くいろは』を活用した「湯涌ぼんぼり祭り」事業において、以前より交流のあった山下さんより「アニメの舞台となった地域をつなげられないか？」との打診があった。後述のようにタイミングよく NEXCO 中日本とのやりとりも生まれ、アニメ作品の " 物語の舞台 " となった湯涌温泉と南砺市の共通項による高速道路活用事業の計画が始まったのである。

企画立ち上げのアイデア

　ピーエーワークスが手がけた作品を軸に、ファンがアニメ作品の舞台となった地域を周遊する「物語の生まれる里ドライブプラン」が誕生した背景には、約10年にわたって培われたアニメコンテンツと地域の関係性がある。改めて、主に2つのきっかけから、アニメ聖地周遊とドライブプランのアイデアへと展開した経緯を辿りたい。

　まず1つは、アニメ作品の舞台をベースとした地域連携である。前述の通り、新規顧客開拓が差し迫っていた湯涌温泉では、2011年に突如としてアニメ『花咲くいろは』の舞台となる機会を得る。当時はまだ全国的にもアニメに対する文化的な理解が薄く、湯涌温泉の内部でも否定的な意見が多かった。しかし、これを好機と見た山下さんは、作中に登場する架空の祭礼「ぼんぼり祭り」を実際に地元で開催したいと企画を申し出た。2011年に開催した「湯涌ぼんぼり祭り」は、実在する地域をモデルにしたアニメ作品のブームとも重なってファンにヒットし、約5,000人もの来場者が湯涌温泉に集結。地元も対応に追われるほどの規模となった。その後、毎年開催を継続し、作品の架空の設定が地元行事となる前例のない事業として注目を集めた。

　また、同じくピーエーワークス制作のアニメ『true tears』(2008年放送)のファンであった佐古田さんは、趣味が高じて2012年に京都府から作品の舞台である南砺市に移住。その後「湯涌ぼんぼり祭り」の実行委員長でもある山下さんと知り合い、本格的に事業を手伝うようになった。湯涌温泉に滞在するファンに向けた地域を跨いだ連携の第一歩は、同じく『花咲くいろは』の舞台となった石川県能登地域と湯涌温泉とのスタンプラリー(2013年〜)である。作品に駅や車輌が登場する地元の鉄道会社「のと鉄道」と連携したイベントには多くのファンが集った。「『花咲くいろは』の舞台を訪れるファンの方とお話をしていると、みなさん遠方から何度も足を運び、非常にアグレッシブに行動されます。ファンの皆さんにもっと楽しんでもらえるよう、アニメの舞台となった地域をつなげることができないか？と、かねてから事業の協力や支援をしていただいていた佐古田さんに相談したのです。行政区分はありますが、自分たちは民間なので飛び越え

夏〜秋の湯涌温泉は
ぼんぼりの灯りに包まれる

てしまおうと思いました」(山下さん)

湯涌温泉と南砺市を近づけたもう1つのきっかけとして、"道"の存在がある。湯涌温泉と南砺市の往来には県道10号線が主に使われていたが、狭隘で走りにくい山道の上、冬季は閉鎖してしまうため観光利用には不向きであった。しかし、湯涌温泉にほど近い金沢大学角間キャンパスから南砺市に伸びる県道27号線が徐々に整備され、「湯涌ぼんぼり祭り」の開催時には多くの観光客が利用することとなった。この道と祭りの相乗効果によって、次第に湯涌 - 南砺間の往来が生まれるようになる。「城端は宿泊施設がなく、近隣に湯涌温泉があることで助かったんです。誘客しても宿泊場所がなければ訪問客は滞在に困ってしまう。南砺市の人間が、宿泊場所として湯涌温泉を勧めるようになったのは『花咲くいろは』放送以降の話ですね」(佐古田さん)

金沢市湯涌温泉・富山県南砺市の取組一覧表

2008年	南砺市城端が舞台のアニメ『true tears』放送
2011年	湯涌温泉が舞台のアニメ『花咲くいろは』放送、湯涌ぼんぼり祭り開催(以降毎年)
2013年	アニメ『花咲くいろは』の舞台、石川県能登地域・湯涌温泉のスタンプラリー開催
2017年	南砺市が舞台のアニメ『サクラクエスト』放送
2018年	桜ヶ池周辺の桜の樹勢を回復させるプロジェクト「桜ヶ池クエスト」開始
2021年	NEXCO中日本の高速道路周遊パス「速旅ドライブプラン」販売開始
2022年	アニメ『花咲くいろは』とコラボした「速旅ドライブプラン」販売開始

『花咲くいろは』、『true tears』のほか、南砺市を舞台とした『サクラクエスト』(2017年放送) も加わり、ピーエーワークスの人気のアニメーション作品が点在している湯涌温泉・南砺市を中心としたエリアを繋ぐことで、新たな観光の魅力が生まれると考えた佐古田さんは、高速道路の活用ができないかと模索するようになった。しかし、これまでのアニメコンテンツは、鉄道やバスへのラッピングやヘッドマーク、乗車券といった公共交通機関とのコラボ事業は多く見られたものの、高速道路との連携事例は他にあまりなかった。

こうした中、ピーエーワークス制作の『サクラクエスト』が放送されたことで、作品の舞台となった同社の拠点でもある立野原地区の桜ヶ池周辺の樹勢を回復させる取組み「桜ヶ池クエスト」が2018年に開始された。これは、元々地元ボランティアによって行われてきた活動を、『サクラクエスト』のファンが自主的に集まってPARUSやピーエーワークスの有志と共に規模を拡大したものだ。本取組みにNEXCO中日本が注目し、高速道路の利用者に城端SAへの立ち寄りの機会を創出する目的で、SAの壁面に「桜ヶ池クエスト」の大型看板の設置を企画するに至り、高速道路との関係性が深まった。

翌年には、滑川市にある有磯海SAが『花咲くいろは』に登場したことが縁で、湯涌温泉観光協会のアニメ作品を活用した広域連携プロジェクト（マップ制作、スタンプラリー、ノベルティ配布など）のスタンプポイントとして同SAが協力することとなった。

湯涌南砺間の道路整備は徐々に進んでいる

「それまで高速道路会社との接点はあまりなかったのですが、折よく東海北陸自動車道全通10周年の時期に重なり、NEXCO側の高速道路の利用促進と、地域側の観光誘客の目的が合致したことで事業連携が進んでいきました。次第に、複数のコラボ事業を包括し、かつ継続的に事業を実施したいと考えるようになりました」（佐古田さん）。

事業の内容と成果

　以上のような経緯を経て湯涌温泉・南砺市と高速道路との関係性が深まってきた。そのさなか、佐古田さんが五箇山地域での観光誘客事業に関わることになり、その事業に関わっていたコンサルティング会社の関係者から国土計画協会の「高速道路利用・観光・地域連携推進プラン支援事業」への応

2018 年に城端 SA に設置された
「桜ヶ池クエスト」大型看板

募を勧められた。アニメ作品とのコラボ事業の深化、地域事業者の参画促進、事業の広報宣伝に活用できる予算の獲得などが可能になることから、同プランに応募し採択された。

　同プランの支援金を活用し、2021 年に NEXCO 中日本の高速道路周遊パス「速旅ドライブプラン」（以下、「速旅」）を用いたオリジナル企画商品「南砺・五箇山・湯涌 物語の生まれる里ドライブプラン」が誕生する。「速旅」は、指定の区間の利用期間内であれば高速道路が定額で乗り放題になるサービスで、宿泊施設や観光施設、買い物などの割引クーポンがセットされるプランもある。2 年目となる 2022 年のプランでは、特典として土産物屋や飲食店などで利用できるお買物券、エリア内の提携日帰り温泉施設で利用できる入浴券、アニメ『花咲くいろは』と湯涌温泉ゆかりの詩人画家・竹久夢二とのコラボ手ぬぐいが特典としてセットになっており、ファンにとってはお得かつ記念になるサービス内容である。利用者は事前にインターネット専用サイトから「速旅」を申し込み、エリア内の引換所でクーポンを引き換えることでサービスが利用できるようになる。2022年のプランでは、クーポンの提携先は温泉施設が 4 ヶ所から 8 ヶ所、土産物屋や飲食店などは 23 ヶ所から 26 ヶ所に増加。クーポン利用者への独自の割引やサービス提供を行う施設もあり、利用者が目的に応じて選択できる楽しみや利便性を備えている。造成したプランは NEXCO 中日本に所定の手数料を支払って販売を委託し、「速旅」利用者の ETC カードから

湯涌温泉観光協会が運営する湯涌温泉いろは館

決済された代金を、各提携施設からのクーポン払い戻しに充てる。

　ここで、本プランを手がけた佐古田さんが代表を務める PARUS の事業内容をみておきたい。PARUS は、カフェやホールを備える「桜クリエ」の指定管理者として施設運営を行っており、指定管理業務の一環で自主事業としてアニメグッズや書籍の販売を行っている。加えて、ピーエーワークス作品の商品企画やイベント関係の業務委託、書籍の企画編集および販売においても収益を上げている。ドライブプランに関しては、ピーエーワークスの作品を用いた企画商品ではあるが、PARUS の独立企画として成り立っており、当然ながら事業費は自己資金によって賄っている。

　今回の事業において、地域の事業者との連携がうまくいったのは、これまでの関係性や流れが大きいと佐古田さんは言う。「まず、『花咲くいろは』がきっかけで湯涌温泉が中心となって周囲との広域連携のベースが作られました。元々公共交通機関の少ない地域ですから、スタンプラリーなどの事業によって作品を超えた周遊が始まると車での移動がメインになります。コロナウイルスの影響によって公共交通機関の利用が減り、車の利用者が増えたことで、高速道路との連携は自然な流れになりました。以前なら『クーポンの交換手続きが面倒』などで、地域の事業者の協力を仰ぎづらかったのですが、そうした経緯で理解が得られやすかったですね」。

　アニメ『花咲くいろは』とコラボした 2022 年のプランが発売されると、メインターゲットとしていたアニメファンを中心に、半年弱で 150 セット近くの売り上げがあった。主に 10 月に湯涌温泉で開催される「湯涌ぼんぼり祭り」に参加するための交通サービスとして利用され、当日は佐古田さんも現地でのクーポンの引き換え対応に追われたという。

　一方で、2 年の事業の間にも課題が見えてきた。ドライブプランを開始して 1 年目は、クーポンの利用を受けた店舗のみが利益が出る仕組みとなったため、自社の利益を回収することが難しかった。2 年目はその課題

を受け、前述の通りアニメ『花咲くいろは』とのコラボ手ぬぐいをセットとして利用者に購入してもらうことで、最低限の利益を得られ、商品在庫の課題解決の一助も担うようになった。しかし、未だ「湯涌ぼんぼり祭り」以外の時期のクーポンの販売数が伸び悩んでいるため、通年で利用者を増やすことが課題となっている。

こうした課題はあるものの、新たな展開も見えてきた。本事業を通じて新たなコミュニケーションが生まれ、2022年2月に立野原地区の事業者の集まりである「立野原の会」が発足。現在はイベントの情報共有や行政との連携などを行っている。「行政からの補助金に頼らず、国土計画協会からの支援を受けて事業を行う珍しい地域であることから、行政や市議会の内部でも高く評価されました」（佐古田さん）

また、本ドライブプランではアニメの舞台モデルとして認知度が増した湯涌温泉と南砺市に加え、世界遺産として有名な五箇山地域を包括して対象エリアにしたことで、アニメファン・一般観光客の区別をしない誘客活動が可能になっている。「目先の利益にとらわれず、ある程度時間をかけても成果につなげること。そして、アニメファン向けの閉じた企画にせず、一般

アニメ『花咲くいろは』にも登場した
湯涌温泉街の名物看板

の高速道路利用者にもアニメ作品に目を向け、アニメファンに地域への興味関心を持ってもらえるような企画を常に意識しています」と話す佐古田さんは、ドライブプランの内容をリニューアルしながら、目標の3,000セットの売り上げに向けて継続を目指している。

また、この事業を通じて、地域の人たちとの連携の重要性を再確認した佐古田さんは、2023年1月からは桜クリエ内で運営する飲食店「カフェトリアン」の厨房を貸し出すレンタルキッチン事業（自主事業）を開始。市内外で飲食店開設を目指す人や、別業態での展開を希望する飲食店を受け入れ、施設の収益アップにもつなげている。

湯涌温泉と南砺市の連携事業は他地域の事例に比べて、以下に挙げる3

つのポイントが成果や継続の後ろ盾になっている。1つ目は、地元の南砺市にアニメ制作会社があること。全国にファンを持つ作品を多数制作しているピーエーワークスが南砺市に拠点を置いていることで、関連事業の展開がしやすく、地域的な関係性も築きやすい立場にある。2つ目は、権利元と地域側の利害調整や、作品の世界観を反映した上で企画を立案できていることだ。特に、アニメなどを活用したコンテンツツーリズムを企画する場合、大きな壁になるのが著作権の処理や地域との調整である。これを可能としているのは、事業立案者となる佐古田さんが作品のファンであり、かつ権利元との調整ができる重要な役目を担っていること、そして湯涌温泉を地元とする山下さんが地域の責任とプライドを持って事業に取り組んでいることが大きな基盤となっている。3つ目は、アニメを活用しながら、アニメファンだけをターゲットにしていないこと。湯涌温泉と南砺市の連携事業では、アニメファンが舞台となる地域を訪れることで、その地域の素晴らしさを体感してもらうことを念頭に置き、ひいては地域側がファンの訪問によって地元の再発見につながることを目標としている。時代を超えて、改めてエリアを"物語"でつなぐことにより、アニメの枠を超えた領域で利用者の増加拡大を促し、訪問者と地元民の双方で歴史の読み直しや新しい文化の形成にもなることを期待したい。

湯涌温泉観光協会、湯涌温泉いろは館全景

桜クリエ全景

・本事例は、過去にはつながりがあったものの関係が途絶えていた地域において、新しいコンテンツであるアニメを媒介に（地域をつなぐ道路整備も契機として）、高速道路の周遊プランを活用することで、地域の事業者が協力して取組みを行い、新たな地域の連携を生んだ事例として特色を有する。

・本事例の成果の要因としては、地域の再生を目指す事業者が、地域を繋ぎ、地域を跨ぐ広域連携の手段としてアニメというコンテンツに着目し、その活用に成功した点が大きく、高速道路を活用した観光地域づくりの展開の事例として有意義なものである。

・加えて、アニメの舞台となった機を逃さずにアニメによる地域再生に賭ける事業者とアニメに精通した事業者とが円滑に意思疎通が行える環境を整え、綿密に連携できたこと、他方で、アニメを活用しながらもアニメファンだけでなく一般観光客も誘客ターゲットに設定している点も重要であると思われ、体制整備、戦略設定の点でも参考となる。あわせて、公共交通の便が悪いという地域のデメリットを克服するため、自動車利用のプランの活用に発想の転換をし、コロナ禍の下でも、自動車利用のメリットが活かせたことも功を奏した面があり、高速道路の活用事例として参考となるものである。

・本書において着目する点である地域に与えた影響についてみると、湯涌・南砺・五箇山にわたる広域での観光客の誘致や地域の連携が図られるとともに、地域事業者の新たな結束も生んでいる。また自主財源など事業運営の財源確保に関してみると、ドライブプランと連動したグッズ販売、指定管理料など多様な収益手段が講じられている点に加え、本事業の特色であるアニメ作品を活かした書籍の企画編集・販売によって収益をあげている点、指定管理の自主事業として事業を展開し収益をあげている点も注目される。

一般財団法人
3.11伝承ロード推進機構

陸前高田の海沿いに残る震災遺構　　　　　　　被災地では復興が進みつつある

震災遺構と共に未来へと語り継ぐ
多くの人たちがここで生きた証と記憶

　2011年3月11日に発生した東日本大震災により、東北地方の太平洋沿岸地域は甚大な被害を受けた。そして被災地には、地震や津波で破壊された多くの震災遺構が残された。青森県・岩手県・宮城県・福島県の広範囲に点在する震災遺構は、時を経て「震災伝承施設」として分類・選定され、被災の実情や教訓を今に伝える存在となっている。同時に、被災当時の記憶の風化が課題となってきたことから、これらの施設のネットワークを活用し、防災学習に役立てる担い手として、「教訓が、いのちを救う。」をスローガンに、一般財団法人3.11伝承ロード推進機構は誕生した。機構ではホームページやマップなどでの情報発信に取り組むと共に、震災の教訓を活かして整備された、三陸沿岸道路（宮城県仙台市〜青森県八戸市）を活用した、震災伝承施設を組み込む周遊観光プログラムの開発に力を入れている。震災の惨状を目の当たりにした人々は、全国で頻発する自然災害から一人でも多くの命を守るため、その記憶を後世につなぐ活動を日々続けている。

東北地方・太平洋沿岸地域

人の力では抗えない自然災害の猛威
それでも人々はこの地で生き続ける

杜の都・仙台と三陸沿岸を結ぶ高速バス

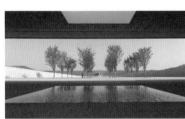

① 高田松原津波復興祈念公園内の国営追悼・祈念施設
② 陸前高田の中心市街地には新しい店も見られる
③ 被災し鉄道から BRT（バス高速輸送システム）に転換された JR 気仙沼線
④ 震災復興の象徴となった三陸鉄道の列車

①	②
③	④

三陸沿岸を結ぶ359キロメートルの新しい道は、
震災の記憶をつなぐ架け橋となった

三陸鉄道の車窓から見える三陸沿岸道路の高架橋

① 高田松原津波復興祈念公園内にある「東日本大震災津波伝承館」
②「東日本大震災津波伝承館」内の展示品
③ 海を望む献花台
④ 高台にあり津波の難を逃れた三陸鉄道・恋し浜駅。リアス式海岸を望む

①	②
③	④

▲業務執行理事 原田吉信氏

一般財団法人 3.11 伝承ロード推進機構

設立：2019 年 8 月 1 日
所在：宮城県仙台市青葉区本町 3-2-26 コンヤスビル 3 階
団体概要：当機構は、東日本大震災等の災害の経験や記憶を貴重な教訓として語り継ぎ、情報
発信することにより、災害に対する防災力の向上と被災地の活性化を図り、もって地域社会の
発展に寄与することをめざしています。

　東日本大震災の記憶と教訓を伝えるため、広大な被災地にある震災伝承施設をネットワークすることによって、東日本大震災を効果的・効率的に伝えることができます。そのため、震災伝承施設を中心に情報発信などの様々な活動を行い、東日本大震災で何が起き、何が得られたのか、その事実を「学ぶ」ことによって、災害への「備え」について知ることができます。
　私たちは、まさに「教訓が、いのちを救う。」を基本コンセプトとして、国内外に東日本大震災を伝える活動を行っています。

3.11 伝承ロードエリアマップ

三沢空港
八戸
八戸JCT
久慈
三陸沿岸道路
岩手県
盛岡
宮古
花巻空港
釜石自動車道
山田
遠野
釜石
釜石JCT
大船渡
東北自動車道
東北新幹線
東日本大震災津波伝承館
気仙沼
宮城県
南三陸
東松島　石巻　女川
富谷JCT
利府JCT
仙台　仙台港北IC
名取　**仙台空港**
岩沼
亘理IC
福島
南相馬
福島県
常磐自動車道
郡山
いわきJCT　いわき

●**三陸沿岸地域へのアクセス**

自家用車

○東北自動車道・富谷JCTより仙台北部道路で約25分、
　利府JCTより各地へ

○常磐自動車道・亘理ICより仙台東部道路で約25分、
　仙台港北ICより各地へ

○東北自動車道・花巻JCTより釜石自動車道で約1時間、
　釜石JCTより各地へ

○東北自動車道・安代JCTより八戸自動車道で約1時間20分、
　八戸JCTより各地へ

公共交通機関

○東京駅　▶（東北新幹線）▶
　仙台駅、一ノ関駅、新花巻駅、盛岡駅、八戸駅より各地へ

○仙台駅前　▶（宮城交通高速バス）▶　南三陸、気仙沼

○仙台駅前　▶（宮城交通、岩手県北自動車高速バス）▶
　気仙沼、山田、宮古

○仙台駅前　▶（宮城交通、岩手県交通高速バス）▶
　陸前高田、大船渡、釜石

○盛岡駅前　▶（岩手県北自動車急行・特急バス）▶　宮古、山田

※情報はいずれも2024年1月現在のものです。

震災伝承施設をネットワーク化し
観光資源に

～一般財団法人 3.11 伝承ロード推進機構の取組み～

　東北太平洋沿岸エリアは、南は福島県から北は青森県までの4県、全長約500kmの広大な範囲にわたる。太平洋に面し、福島県から宮城県南部にかけては阿武隈高地、宮城県北部から岩手県にかけては北上山地が走る。海と山に囲まれた自然豊かで、風光明媚な地域である。

　2011年に発生した東日本大震災では、地震の揺れと、それによって引き起こされた巨大津波により、東北太平洋沿岸エリアを中心に震災関連死を含め死者・行方不明者は2万人超にのぼった。さらに福島県の福島第一原子力発電所では原子力事故が発生するなど、未曽有の大惨事となった。電気・ガス・道路などのインフラが甚大な被害を受けたことに伴い、沿岸部では、300を超える漁港ががれきに覆われ使用不能となるなど、基幹産業の漁業をはじめ産業は大打撃を受け、一刻も早い復興が国の重要課題となった。そのために宮城県仙台市から青森県八戸市までの自動車専用道路「三陸沿岸道路」の整備が急がれた。沿岸部の都市間を縦断するルートのアクセス向上が期待されたためである。国では「復興道路」として重点的に整備を進め、震災から10年後の2021年に359kmの全線開通を実現。全線で従来より3時間30分の時間短縮となり、出荷エリアの拡大や観光客の増加、救急搬送の迅速化など、産業面、生活面に好影響をもたらした。

　インフラや産業の復興が進むのと並行し、震災伝承施設[1]の整備も進んだ。その数は300以上、福島県から青森県までの広範囲に点在する。それらのネットワークを活用し、多くの人に訪れてもらうための取組みを行うのが、「一般財団法人3.11伝承ロード推進機構（以下、機構）」である。以下、同機構が2022年より3年間、一般財団法人国土計画協会の支援を受けて取り組む「3.11伝承ロード New Destination プラン」により三陸沿岸道路を活用して震災伝承施設と観光コンテンツを融合し、地域活性化を図る挑戦の過程を紹介する。

※1「震災伝承ネットワーク協議会（東北地方整備局、青森県、岩手県、宮城県、福島県、仙台市、復興庁）」が申請を受けた施設を協議し「震災伝承施設」として登録、ネットワーク化を図っている。

地域の課題など事業の背景

　東北太平洋沿岸エリアの三陸沖は、世界三大漁場の一つで、沿岸地域は古くからその豊富な水産資源を活かした漁業や水産加工業といった産業が発展してきた。また、一部の都市では製造業が発達し、日本の高度成長を支えた。中には岩手県大船渡市のセメント業、同県釜石市の製鉄業のように、現在も地域に根づいている産業もある。

　そのように特定の産業で繁栄した都市は見られるものの、地域全体では交通の利便性の点で課題を抱えていた。以前より道路は未発達で、海に山が迫り平地が少ない地勢から、山地を通る部分も多く、急カーブが続いた。一直線に都市とつながる高速道路がなく、内陸部の都市と、沿岸部の都市を結ぶ高速道路の開通が住民の長年の悲願となっていたが進捗は鈍かった。鉄路に関しては、宮城県では仙台市、岩手県では盛岡市などの県庁所在地と結ぶ鉄道も通るものの、沿線の人口集積が低かったため本数も少なく利便性に乏しかった。このような状況から、かつては「陸の孤島」などと呼ばれるほどであったという。

　2011年3月11日に発生した東日本大震災では、大きな揺れとそれに伴う大津波により、壊滅的な被害を被った。多数の死者・行方不明者が出る人的被害があり、電気・ガス・水道といったインフラは各地で寸断された。機構の業務執行理事、原田吉信さんのお話から当時の被害の甚大さを伺い知ることができる。

　原田さんは2011年当時、国土交通省東北地方整備局で環境調査官のポストについていた。震災直後より救援資機材班の一員として、被災自治体を積極的に支援した。各自治体では、避難所での燃料や仮設トイレといった資機材が不足。土木工業協会、道路建設業協会、各県の建設協会にお願いし、調達してもらったという。4月下旬からは宮城県南三陸町にリエゾンとして派遣された。リエゾンとは、被災市町村の首長や関係部署からの情報収集と、地方整備局からの情報提供の役割を担う。業務の拠点は、南三陸町の総合体育館ベイサイドアリーナの隣に設置された災害対策車だった。ベイサイドアリーナには、震災直後より災害対策本部が設置された他、南三陸町最大の避難所にもなっていた。原田さんは「ベイサイドアリー

ナには 2000 人を超える人たちが避難していましたが仮設トイレは男女各
10 基しかありませんでした。日々多くの人たちが利用し、きれいとは言
えるものではなかった。また、避難者の女性が沢水を使い洗濯をしている
のを見ました。これらの光景が頭から離れません」と被災後の物資不足や、
ライフラインの寸断による被害の深刻さを振り返る。

　深刻な物資不足で、一刻も早い支援が必要とされていたものの、貧弱な
交通網がネックとなり、数少ないルートも、津波による浸水や、がれきや
土砂で埋もれるなど通行止めを強いられた。また、鉄道網も津波で多くの
線路や鉄橋が流されたことにより寸断された。

　そのため三陸沿岸の復旧・復興は、国にとって重要な課題と位置づけら
れた。中でも重点が置かれたのは道路だ。被災地に向かった救援隊や支援
物資が道路網の寸断や渋滞で到着までに難儀するなどの弊害があったため
である。三陸沿岸部を縦断する自動車専用道路を「復興道路」とし、整備
が進められた。

　それと同時に、国の震災伝承に関する動きも早急になされた。2011 年
5 月 10 日の東日本大震災復興構想会議において、「復興構想 7 原則」の
1 番目にうたわれたのは震災伝承の必要性であった。2013 年 11 月には、
復興庁による 1 市町村あたり 1 カ所の震災遺構の保存支援が決定し、震
災遺構の保存整備が始まった。2014 年 10 月には、岩手・宮城・福島の
被災 3 県で復興祈念公園の設置が決定し、石碑や震災遺構の整備が各地
で進んだ。その中でも「震災伝承施設」として登録されたものは、2024
年 2 月時点でその数は 344 にのぼり、4 県に点在する。

　一方で、震災から時が経つにつれ、風化の問題も指摘されるようになっ
た。2017 年 8 月より「広範囲に点在する震災遺構や、伝承施設などをネッ
トワーク化」するという議論が始まり、2018 年 7 月には東北地方整備局、
青森県、岩手県、宮城県、福島県、仙台市による「震災伝承ネットワーク
協議会」が発足し、震災伝承施設を効果的、効率的に学ぶためのネットワー
ク化の議論が深まった。そこで、そのネットワークを活用し、震災伝承の
ための取り組みを行う「3.11 伝承ロード」という考えが提案された。そ
の後、学識者 4 名、民間企業団体 6 つ、自治体の長 4 名で構成された「震
災伝承検討会」を経て、2019 年 1 月に開催された復興加速化会議の席上

で、石井国土交通大臣（当時）が「3.11 伝承ロード」の推進を表明した。同年 4 月には学都仙台コンソーシアムなどの 4 つの学術団体より、「3.11 伝承ロード」早期実現への緊急提言がなされ、2019 年 8 月に「一般財団法人 3.11 伝承ロード推進機構」が設立された。原田さんによると「東北沿岸 500km を超える広大な被災地を繋ぎ、東日本大震災の被災状況、記憶、教訓を総括的に見ていただきたいという思いでネットワーク化に至りました」という。

機構の役割・事業

　「3.11 伝承ロード推進機構」は、東日本大震災の災害伝承を生業とする団体である。同大震災の実情や教訓を学ぶため、震災伝承施設ネットワークを活用し、防災に関する様々な取組みや事業を行う。主となるのは、震災伝承施設の情報発信、震災伝承についてのセミナーやパネル展の開催である。ターゲットは、教育関係者や団体、企業の BCP(事業継続計画) 担当者や社員研修の担当者、インフラ整備の企業、小学生から大学生までの学生など災害や防災に関心が高い層はもちろんのこと、一般客にも及ぶ。

　機構の事業は、大きく分けて (1) 情報発信・広報、(2) 啓発活動、(3) 防災・伝承ツーリズム、(4) 防災の 4 つである。

　2018 年から、震災伝承ネットワーク協議会事務局（国土交通省東北地方整備局企画部）が、青森、岩手、宮城、福島 4 県に分散する施設を「震災伝承施設」として登録する制度を開始した。施設をクオリティに応じて第 1 分類から第 3 分類までの 3 種類に分けて整理している。分類の基準として第 1 分類は、①災害の教訓が理解できるもの、②災害時の防災に貢献できるもの、③災害の恐怖や自然の畏怖を理解できるもの、④災害における歴史的・学術的価値があるもの、⑤その他、災害の実情や教訓の伝承と認められるもの、いずれか一つ以上に該当する施設であり、その多くは石碑だ。第 2 分類は、第 1 分類のうち、公共交通機関などの利便性が高い、近隣に駐車場があるなど来訪者が訪問しやすい施設で、例として「東日本大震災遺構 旧女川交番」（宮城県女川町）などがある。第 3 分類は第 2 分類のうち、案内人の配置や語り部活動など、来訪者が理解しやすいように配慮している施設で「震災遺構浪江町立請戸小学校」（福島県浪江町）、「気

仙沼市東日本大震災遺構・伝承館」（宮城県気仙沼市）、「津波遺構たろう観光ホテル」（岩手県宮古市）などがあがる。その数を、震災伝承ネットワーク協議会では2024年2月7日時点で第1分類158箇所、第2分類118箇所、第3分類68箇所の合計344箇所と発表している。機構はこれを前提に事業を行っている。

　まずは(1)情報発信・広報に関する事業である。機構では震災伝承施設を知ってもらうために、ホームページやマップなどを作成している。

　特筆すべきはイラストマップである。主に観光客向けに作られ、青森県、岩手県、宮城県、福島県の4県ごとに合計で6万部作成、震災伝承施設及び一部の観光案内所でのみ配布している。日本語版の他、英語版と中国語版も発行し、インバウンドも視野に入れる。形式は見開きになっており、開くと第2分類、第3分類の震災伝承施設すべての案内、さらに左右に開くと、第1分類から第3分類まですべての震災伝承施設の場所が描かれているカラー版の地図を見ることができる。地図には観光地やお祭り、伝統工芸品やご当地グルメなどもイラストで掲載。震災伝承施設と

3.11 伝承ロードイラストマップ（岩手県編）

観光情報が一目でわかる作りになっている。原田さんは「一般の方が観光に来たついでに震災伝承施設にも立ち寄ってもらいたいという目的で作りました。言いかえると、震災伝承施設の観光への活用がねらいです。震災や被災地を知らない人にも、震災伝承施設見学を含めた観光で長く滞在してもらうことで、地域活性化につながってほしいと期待をこめました」という。

　（2）啓発活動に関する事業では、年に1度開催する「防災・伝承セミナー」が挙げられる。2020年度は福島県（web中継）、2021年度は宮城県、2022年度は岩手県、2023年度は青森県で開催した。直近の2023年は「震災伝承と観光について〜震災伝承施設に求められる役割と震災伝承の活性化について〜」というテーマのもと、大学教授による基調講演、首長や震災伝承施設の館長、地域プロデュースの会社の経営者らがパネリストとなってのパネルディスカッションをした。会場の他、web上でオンライン配信も行い、東北から遠い地域の人たちも参加できるようにした。

　（3）防災・伝承ツーリズムに関する事業では、主に企業・団体向けの研修会や小・中・高校生に向けたオンラインでの防災学習プログラムを行う。2019年の発足後より、被災地を案内する研修会に向けて準備を進め、開催依頼も多く寄せられていたものの、新型コロナウイルスの影響で、2020年

研修会の様子

は6回、2021年は8回の開催にとどまった。2022年は23回開催し、ウィズコロナなどの情勢の変化と共に、回数が増えている。オンラインの防災学習プログラムは、震災伝承施設と学校をオンラインで結んでの事前学習、現地での見学や防災学習、生徒から学びと気づきを発表する振り返り学習と、3ステップで防災について知り、考える内容となっている。

　（4）防災に関する事業では、東日本大震災10周年企画　映像アーカイブ事業として、東日本大震災後に民間事業者による復旧活動やその後の復興事業の映像をアーカイブ化し、2023年10月現在で11作品が認定され

ている。

　以上のように機構は発足以来、震災伝承施設の周知と幅広い活用を目的とする事業を行ってきた。その動機について原田さんは「震災伝承施設は、被災の様相が残されていて、震災の教訓を伝える意義のある施設」とした上で、今後は、震災伝承施設にとって懸念される風化や維持の観点から「施設の高付加価値化」の必要性を指摘する。「震災伝承施設は、今後、震災から時間が経過するにつれ、記憶の風化による来訪者減少の恐れがあります。また施設が劣化すると、維持費などにより運営する自治体の負担が増え、維持が厳しくなり、震災記憶の継承が難しくなる施設が出ることが考えられます。震災伝承施設は生きた防災学習ができる場所。残していくためには、多くの人に来てもらい、それぞれが今後の防災に役立ててもらうことで価値が高まると考えています。そのきっかけをつくるために発信に力を入れている」という。

　機構の財源についてはどのようにまかなわれているのだろうか。原田さんは、発足当時の寄付、自治体からの負担金の他、国などからの受託事業、収益事業として研修会、映像アーカイブ事業、賛助会費を挙げる。「この先は収益事業を機構の柱にしていけるように、研修会の開催や賛助会員の募集、新たな事業の創出にも力を入れたい」という。

事業の内容と成果

　2021年、機構では「3.11伝承ロードNew Destinationプラン」を提案し、国土計画協会の「高速道路利用・観光・地域連携推進プラン」に選出された。期間は2022年度から2024年度までの3年間である。2021年に青森県八戸市から宮城県仙台市までの三陸沿岸道路の開通を機に立ち上げた事業だ。原田さんによると「地域では、震災からの年月の経過やコロナ禍を経て観光客歓迎の機運が高まっており、当事業も快く理解いただけました」。

　具体的な事業としては3つ挙げられる。①新たな周遊ルート開発の可能性調査、②モデルルートでのモニターツアーの実施、③三陸沿岸道路及び周辺エリアの魅力を伝える情報発信である。

プランでは、東北エリアの観光事業に携わる関係各所と共同事業体を形成し、高速道路を活用した旅行・観光と伝承施設を融合した新たなツアープログラムの開発が検討された。設立以来、機構は国や自治体、地元企業、伝承団体と連携し、震災伝承施設の観光資源化による活用に取り組んでおり、その取組みを生かすものである。「本事業では、東北や震災を知らない多くの方にも震災伝承施設を知っていただくには、どのようにすればよいのか、ということを考えました。そのためには旅行会社など観光エージェントに伝承施設を見てもらい、アドバイスをいただきながら、既存の観光施設との関係も考慮したモデルルートを作ろうということになりました」と原田さんは振り返る。

　プランの実現により、三陸沿岸地域の観光基盤が強化され、観光ルートとしても「伝承ロード」のブランディングを図ることで、限られた関係者だけではなく、旅行業界をはじめとする地域外企業の参入が期待され、地域活性化や復興の加速化という効果を見込んだ。

　まずは①新たな周遊ルート開発の可能性調査から開始した。あらかじめ石巻、登米など10か所のエリアをリスト化したものをベースに、観光関連事業者や自治体関係者と協議を重ねた。そして、モデルルートを設定し、実現の可能性を探るために、学識者、旅行事業者、交通事業者、観光関連事業者、震災伝承施設関係者などで構成される「三陸沿岸道路エリア活性化検討会」を設置した。

　2023年8月下旬から9月上旬の期間には、ツアープログラム開発のため、旅行会社を対象とした現地視察を実施した。視察は3回行われ、1回目は青森県八戸市、2回目は岩手県盛岡市、3回目は宮城県仙台市を出発地として、三陸沿岸を視察してもらった。結果として「機構では一般の方へのアンケートを行い、基本ルートを作った上で、旅行会社が具体的なコースを作るということになりました」と原田さんは話す。機構では、2023年度

旅行会社対象モニターツアーの様子

中に東京都、神奈川県、埼玉県、千葉県の4都県在住者に対し、「三陸沿岸にある伝承施設に来たことがあるか」などの内容で、5,000件ほどのアンケートを実施予定だという（本稿は2023年10月時点で作成）。「アンケート結果から、多くの方が集まるヒントが得られるのではないか」と原田さんは期待を寄せる。

②モデルルートでのモニターツアー実施については、2023年9月24日から9月27日の4日間、台湾の高校教員5名を招き、宮城県仙台市、同県松島町、岩手県陸前高田市、同県遠野市、同県平泉町の5町村を巡った。機構が取り組む、台湾からの教育旅行の誘致の一環として行ったもので、内容

台湾教育者招請の様子

は、「震災遺構仙台市立荒浜小学校」など4ヶ所の震災伝承施設の視察、宮城県松島町での震災語り部クルーズと地元高校生による案内で松島観光、岩手県の遠野緑峰高校の生徒との交流、岩手県平泉町の古刹中尊寺の見学である。震災伝承施設の見学に観光や地域住民との交流を取り入れたものであった。「参加した先生方は、震災伝承施設を見学すると、"データが整理されていて、復興の様子がよくわかる"と感激されていました。帰りぎわには"今回のツアーで日本の素晴らしさがわかった。ぜひ、生徒を連れてきたい"とおっしゃっていました。教育旅行が実現し、台湾の高校生にも来てもらいたいです」と原田さんは振り返るとともに、実現に向けて動き出している。

③の情報発信については、「三陸沿岸地域に新しくできた震災伝承施設をYouTubeで発信していきたい」と原田さんは語る。動画配信については、2024年の取り組み内容として決定しており、今後力をいれていくという。

原田さんは「三陸沿岸道路の全線開通で劇的にアクセスが良くなりました。大切なのはその後、どう使っていくかです」と話し、「「3.11伝承ロー

ド New Destination プラン」では、三陸沿岸道路を活用し、伝承施設を
観光コンテンツとして定着させたい。訪れた人からは「震災の痕跡を目の
当たりにし、人生を見つめ直した」などの声も多く、伝承施設はかけがえ
のない場所と言えるでしょう。それらを活用し、東日本大震災を後世に伝
える伝承ロードとしての価値を高めていきたいです」と今後に思いを巡ら
せた。震災から 10 年以上が経過し、震災の記憶が薄れ、震災を知らない
世代も増えるなど風化が指摘されている。また、震災伝承施設自体も、日々
風雨にさらされ劣化していく。自治体によっては維持が困難になることも
考えられる。だが、地震や津波の災害に直接触れて、今後の防災にいかす
ためにも震災伝承施設の必要性は大きい。震災伝承施設を観光資源と位置
づけ、三陸沿岸道路を活用し展開している機構の取組みは、国内外多くの
人に地域を知ってもらい、震災の教訓を感じてもらえるきっかけになるで
あろう。

・本事例は、東日本大震災の災害伝承と地域活性化のために、震災伝承施設のネットワークを活用し、観光へもつなげる取組みであり、広範囲にわたる多くの震災伝承施設を「伝承ロード」として広域周遊ルートの開発をめざすものとして特色を有し、事業実施中の事例であるが取り上げたものである。

・本事例では、震災と観光という、一見相いれないと思われるようなテーマについて取り組んだものであり、震災の記憶を風化させないためには、震災伝承施設に多くの方に訪れてもらうことが重要であるという視点から、地域への観光と一体となった取組みを行うもので、地域への観光での震災伝承施設への立ち寄り、震災伝承施設の観光への活用という両視点から、地域観光資源と震災伝承施設を融合させる取組みとして注目される。加えて、震災伝承施設への来館者数を維持し、維持費など施設の維持運営にも資する取組みという面でも注目される。

・本書において着目する点である地域に与えた影響についてみると、今後の事業の実施状況を注視する必要があるが、三陸沿岸道路全線開通を契機とした本取組みが、施設見学者、観光客の維持・増加につながり、震災の記憶の伝承、災害時の防災意識の向上という役割を発揮するとともに、観光客の地域への訪問により地域活性化につながることが期待される。

・また自主財源など事業運営の財源確保に関してみると、震災伝承という側面から自治体等による寄付・負担金、委託事業を受けるという点に加え、収益事業として研修会、映像アーカイブ事業、賛助会員募集にも取り組んでいる点で参考となる。

NEXCO東日本グループにおける
観光・地域連携の取組みについて

東日本高速道路株式会社

経営企画本部　経営企画部　経営戦略課

はじめに

　昭和38年7月、我が国最初の高速道路として、名神高速道路・栗東～尼崎間が開通して以来、令和5年で60年を迎えましたが、全国に高速道路ネットワークが拡大、高速道路の総延長は1万kmを超え、1日の平均利用台数は約1,000万台に及んでいます。

　高速道路の整備により、人・モノの流れを飛躍的に高めるとともに、観光消費額の増大や大規模商業施設、企業の進出など、高速道路沿線の地域経済の活性化に大きく寄与、高速道路は私たちの暮らしや経済を支える重要なインフラになっています。

　東日本高速道路株式会社（NEXCO東日本）は、日本道路公団の分割民営化により、平成17年10月1日発足したところですが、当社グループは、「高速道路の効果を最大限発揮させることにより、地域社会の発展と暮らしの向上を支え、日本経済全体の活性化に貢献」することを経営理念とし、「つなぐ」価値を創造し、あらゆるステークホルダーに貢献する企業として成長するというグループ経営ビジョンの実現を目指し、「NEXCO東日本グループ中期経営計画（令和3年度～令和7年度）」において、同5年間を「SDGsの達成に貢献し、新たな未来社会に向け変革していく期間」と位置付け、基本方針のもと事業に取組んでいます（中期経営計画については、コーポレートサイト〔https://www.e-nexco.co.jp/company/strategy/mid_term/〕をご参照ください）。

　このうち観光・地域連携については、「基本方針4．多様なお客さまのニーズを踏まえた使いやすさの追求」において、地域社会の活性化や観

光振興につながる事業活動を推進することを目指し、主要重点計画として「高速道路を活用し、地域連携や新たな付加価値を生み出す取組みを推進」、「インバウンドなど多様な旅行者が訪れる地域の観光振興を通じた地域活性化への貢献」を掲げ、SDGs の達成に貢献できるよう NEXCO 東日本グループ一体となって事業を推進することを目指しています。

本稿では、当社における観光・地域連携の取組み状況の具体例について紹介します。

周遊パス（ドラ割）

高速道路の利用促進・定着を図るため、地域やお客さまのニーズを踏まえ、地域連携・観光振興に寄与する周遊パス「ドラ割」を積極的に展開しています。ドラ割は、ETC で高速道路をご利用の普通車・軽自動車等限定で、対象エリアの周遊や目的地エリアまでの往復の高速道路料金がお得にご利用いただける商品です。高速道路料金の割引だけでなく、周遊エリア内の各種観光施設、宿泊施設やフェリー等と連携し、地域の観光資源を活かした優待特典付きのドライブ旅行を満喫いただけるものと期待されます。

令和 5 年においては、4 月から各地域において 1 年を通して（GW、お盆、年末年始を除く）周遊パスを展開しているところですが、7 月からは新たに、千葉県内エリアを対象としたドラ割「千葉ぐるっとパス」の販売を開始し、地域と連携した周遊パスを展開しているところです。また、6 月からは期間限定で、「佐渡島の金山」世界遺産登録応援キャンペーンとして、高速道路とカーフェリー、佐渡島内の宿泊施設等をご利用いただき、佐渡島をお得に楽しんでいただく、佐渡市・佐渡汽船（株）と連携した「佐渡島ゴールデンパス」を展開しました。

道トクふりーぱす   佐渡島ゴールデンパス

サービスエリア、パーキングエリア（SA・PA）での取組み

　東日本の各地を走る高速道路。その旅にもうひとつのよろこびを実感していただくために、SA・PAでの一歩進んだサービスの提供を追求しています。そのひとつが地域と連携して、お客さまに地域の商材を楽しんでいただく、サービスエリア・パーキングエリアの「地域のショーウィンドウ化」です。

　SA・PAにおいて、「Pasar（パサール）」は“道ナカ”商業施設と称されるフラッグシップブランドで、市中で話題の店舗やその場でしか味わえないグルメなどを取りそろえ、バラエティ豊かなサービスを目指しています。

　また、地域の拠点となるSA・PAでは、「地域性・旅の楽しみ」を凝縮し、旅のドラマを演出する「ドラマチックエリア」を展開しており、その土地の雰囲気を施設の外観やお食事、お土産など様々な形でお届けしています。令和4年7月には東北道　佐野SA（下り）が、「ドラマチックエリア」としてリニューアルオープンしました。上下線が隣接し、徒歩での往来が可能な佐野SAを一つの大きな“Park”に見立てた「佐野パークSA」をコンセプトに、地域と連携して地域色豊かな商品・メニューの開発を行い、「佐野パークSA」ならではの体験を提供しています。

中小規模のSA・PAでは、「礎づくりのエリア」として、基本的なサービスを提供しています。また、気軽に立ち寄れる店舗を目指したブランド「YASMOCCA」やお客さまにいつでも便利にご利用いただく「コンビニエリア」を展開しています。

サービスエリア事業

　SA・PAでは、従前から各地域の食材を活用した飲食メニューの開発、提供や特産品の販売等、地域商材の魅力発信を通して、ご利用されるお客さまに旅の楽しみを提供する取組みを展開してきました。最近では、SA・PAの新設やリニューアルの際に、高速道路の休憩所機能に加え、地域に根差したエリアづくりを推進する取組みの1つとして、自治体や地域団体と協働して、SA・PAにおける地域の魅力発信や地域の事業者との取組み等の地域連携策を通じて、地域におけるSA・PAの価値向上を図っています。

　東北道　蓮田SA（上り）では、令和元年7月の移転オープンの際に、地域のお客さまにも日常的にご利用いただける商業施設を目指して、青果・精肉・鮮魚の専門店を揃えた生鮮ゾーン「旬撰市場」や総菜など日常の買い物にもマッチする業態を導入しました。加えて、青果売り場の一画に地元の農産物を扱う「直売コーナー」を設置し、地域の生産者が

守谷 SA やさい村　　　　　　　　　　　　　国見 SA 下り

農産物を供給する仕組みを構築しています。

　この他、「ＥＮＪＯＹ！よりみち」をテーマにし、統一ロゴを活用した地域や季節ならではのプロモーションや、北海道地区においては観光応援の一環として、休憩施設から地域の魅力を発信するイベント「北海道ハイウェイ Show Area」などを展開し、お客さまに快適に利用していただくため、地域産品の発掘やそこでしか味わえない料理を提供するなど、地域と連携して、地域の魅力発信に努めています。

蓮田 SA 上り

スタンプラリー

　ドライブ旅行を通して、地域ならではの魅力を楽しんでいただく企画として、各地域の地元自治体、他交通機関、観光団体、観光施設等と連

携し、スタンプラリーを実施しています。

　例えば、令和4年には北海道で「北海道スマホスタンプラリー」を実施し、「シーニックバイウェイ北海道」のおすすめスポットや「民族共生象徴施設空間ウポポイ」の他、SA・PA、道の駅、観光施設など300カ所のスタンプ取得スポットを設定、スタンプを集めて抽選で参加施設等からの提供賞品をプレゼントする企画に約2万人が参加登録、延べ60万個以上のスタンプが取得されました。令和5年も「アートギャラリー北海道」連携施設を新たにスタンプ取得スポットに設定し、スタンプラリーを展開しています。

北海道スマホスタンプラリー

東北6県スマホスタンプラリー

インバウンド対応

　訪日外国人の地方部への誘客に向け、インバウンド向けの周遊パス（Hokkaido Expressway Pass、Tohoku Expressway Pass）をレンタカー会社等と連携し販売するとともに、当社で作成しているオリジナル観光情報誌についても、多言語対応版を作成し配布しています。

　また、各地域のDMO（観光地域づくり法人）等と一体となって海外プ

ロモーションも展開しており、令和5年1月には、3年振りに開催された
たタイ・バンコクでの訪日外国人向け旅行博（JNTO主催）を始めとして、
インバウンド向け周遊パスや地域の観光のPRに努めています。

インバウンド向け周遊バス

Visit Japan FIT Fair（タイ・バンコク）出展

　また、SA・PAでは、エリア内の商業施設及びトイレなど各施設の配
置について、多言語を併記した国際シンボルマークやJIS規格によるピ
クトグラムでご案内しているほか、コンシエルジェが設置されているす
べてのインフォメーションでは、タブレット端末及びポータブル翻訳機
などを用いた多言語案内（JNTO認定外国人観光案内所　カテゴリー1）
を行い、地域の案内等訪日外国人のお客さまの利便性の向上を図ってい
ます。なお、現在18ヶ所のSA・PAでは、ショッピングコーナー内に免
税対応カウンターを設け、訪日外国人のお客さまに対して食品類をはじ

めとした人気の高い商品を中心に、免税販売を行っています。

最後に

　新型コロナウイルス感染症の拡大で、先が見通せず、観光への取組みも厳しい状況が続きましたが、令和4年10月からは水際対策の緩和、全国旅行支援が実施され、観光需要も急回復、日本人・外国人観光客が街中にあふれる光景が各地で見受けられるようになりました。当社もコロナ禍においては、感染拡大防止に配慮しながら、一部イベントをオンライン化するなど、新たな方法も用いながら地域の魅力を発信してきました。

　令和5年3月、新たな「観光立国推進基本計画～持続可能な形での観光立国の復活に向けて～」が閣議決定されました。コロナ禍からの回復を目指し、「持続可能な観光」「消費額拡大」「地方誘客促進」をキーワードに、全国津々浦々に観光の恩恵を行きわたらせるため、「インバウンド回復戦略」と「国内交流拡大戦略」を両輪に「持続可能な観光地域づくり戦略」という3つの戦略に取り組むこととされています。

　地域経済の活性化に高速道路の果たす役割は大きく、これまでにも国土計画協会の支援事業においては高速道路会社と連携し、全国各地で高速道路の利用を通じた観光及び地域交流の推進を図る取組み事例がありますが、今後とも、「地域に愛され、地域の発展に貢献する企業」を目指して、地域の皆さまや関係機関と連携し、観光振興や地域活性化に貢献する取組みを進めてまいります。

　NEXCO東日本グループは、高速道路の効果を最大限発揮させることにより、地域社会の発展と暮らしの向上を支え、日本経済全体の活性化に貢献します。

第3部

国土計画協会の高速道路利用・観光・地域連携
推進プラン支援事業による取組事例の整理・分析

採択プラン一覧

国土計画協会の高速道路利用・観光・地域連携推進プラン支援事業による取組事例の整理・分析

一般財団法人国土計画協会
太田秀也（専務理事）　黒沼茂実（事務局長）　髙野倉慶子（高速道路課）

　国土計画協会においては、第2部の事例で紹介したように地域における高速道路等を活用した観光振興・地域活性化の取組みを促進するため、高速道路利用・観光・地域連携推進プラン支援事業（以下「本支援事業」という）を実施している。

　本支援事業は、高速道路の利用を通じた観光及び地域交流の推進を図る観点から、公益的団体等が主体となって実施する取組み（高速道路・高速道路のSA・PA・IC・スマートIC等を活用した取組み、高速道路の利用者の利便増進に関する取組み及び観光に関する取組み）を募集し、審査のうえで、毎年3件程度、先導的・モデル的な事業・プロジェクトを採択し、1件当たり3年間で最大1,000万円の（事業の立ち上げ費用等の）支援を行う事業である。

　本支援事業は、財団法人高速道路交流推進財団が2006年度から行っていた「観光資源活用トータルプラン」を国土計画協会が2013年度に受け継いだものであり、2006年度採択事業から2022年度採択事業をあわせると、採択事業は49件と、一定程度の蓄積を有する状況となっている。そこで、本稿では、この49件の取組み（実施中のものも含む）について整理・分析を行い、本支援事業により得られた観光地域づくりに資する知見、他の観光地域づくりの事例等の知見からみた本支援事業の課題等について、考察する。

1　高速道路推進プラン支援事業による取組みの整理・分析

(1) 取組事例の類型

(i) テーマ・目的による分類

　　下記のように、様々なテーマによる取組みが行われているが、地域の「歴史・伝統・文化」に関する取組みが多い。その中で、地域産業、食に関する取組みも見られる。次いで、地域の「自然・景観」に焦点をあてた取組みも多い。

○歴史・伝統・文化

　　地域産業（繊維（ジーンズ）、茶、工房、鉄、蚕糸）や食（麺、郷土料理）に関するものが一定程度見られ、その他としては、巡礼、神話、結、史跡、街道巡り、鎮守府、日本庭園、伝統建築、祭り、映画製作、アニメ、災害伝承等が見られる。

○自然・景観

　　温泉に関連するもののほか、ガーデン、茶畑景観、農村、ふるさと原風景、里山、星空等が見られる。

○その他

　　教育観光・遊学、スポーツ・健康（サイクリング、マリンスポーツ、サウナ）、交通（舟運、バイクツーリング）などのテーマも取り上げられている。

※なお、メインのコンテンツのテーマでないが、（東日本大震災からの）震災復興、日本遺産・世界遺産、インバウンド観光なども付随的なテーマとしてみられる。

(ii) 内容による分類

　　取組みの内容をみると、高速道路を活用した本支援事業の性格から、広域・周遊ルート整備の取組み（道の駅等との連携、広域・周遊ブランディングを含む）が過半を占める。

他方で、主に一自治体内あるいは自治体内の地域における観光地づくりの取組み（地域資源発掘、観光地ブランディング等）や、特定のスポットにおいて集客等を目的とした拠点整備の取組みも見られる。その他、旅行商品造成（教育旅行、体験プログラム、ネクスコのドライブプランとの連携等）、名産品開発、滞在型観光イベント、セールスプロモーション、情報発信等の取組みも見られる。

(2) 実施メニュー

　　実施メニューとしては、以下のような様々なものが見られる。

・パンフレット・マップ作成

・スタンプラリー

・ネクスコのドライブプラン（速旅等）との連携・PR

・旅行会社によるツアー誘致

・案内アプリ開発

・レンタサイクル

・イベント開催（SA/PA での開催を含む）

・モニターツアー開催

・名産品・グッズ・書籍等の企画・販売

・集客施設、休憩施設、飲食施設、宿泊施設などの整備、案内板設置

・情報発信（案内サイト作成、SNS による情報発信、PR 映像作成、情報誌への掲載、TV・ラジオ放送等）

・ガイド養成・教育（接遇改善マニュアル等）

・インバウンド誘客

・検討会、ワークショップ、セミナーの開催

・地元組織・事業者等との連携

(3) 実施主体

実施主体としては、観光協会、観光地域づくり法人（DMO）、商工会議所のほかに、推進協議会、地域団体、NPO法人、任意団体など、様々な主体がある。属性としては、公益的団体が多いが、ホテル事業者などの協議会や、民間事業者が取り組む事例も見られる。

また、既存の組織に加え、高速道路推進プラン支援事業に応募するため、新たに組織を結成・設立している場合も見られる。

(4) 実施地域

広域・周遊ルート整備の取組みが多いことから、複数都道府県を越境した地域に及ぶ場合や、都道府県内全域あるいは複数市町村の区域を対象とするものが多い。一市町村内によるものも若干みられる。

2　評価と課題

(1) 観光地域づくり全般の動向

観光政策に関する最近の動向を概観すると、2003年に小泉総理が「観光立国懇談会」（1月）を主宰し、観光立国懇談会報告書（同年4月）が出され、ビジット・ジャパン事業が開始されている（同4月）。その後、観光立国推進基本法成立(2006年)、観光立国推進基本計画決定(2007年)、観光庁設置（2008年）と進展した。

このなかで、観光地域づくりについては、観光立国懇談会報告書において掲げられた「住んでよし、訪れてよしの国づくり」の理念をベースとし、観光は旺盛なインバウンド需要の取り込みなどによって交流人口を拡大させ、地域を活性化させる原動力となるものとして、「地方創生」施策の大きな柱として取り組まれている。その上で、地域の「稼ぐ力」を引き出すとともに、地域への誇りと愛着を醸成する地域経営の視点に

立った観光地域づくりの司令塔としての役割を果たす観光地域づくり法人（DMO）の登録制度が2015年に創設され、DMOにおいて観光資源の磨き上げや受入環境の整備等が進められている。

2023年3月に改訂された「観光立国推進基本計画」では、観光の質的向上を象徴する「持続可能な観光」「消費額拡大」「地方誘客促進」の3つをキーワードに、持続可能な観光地域づくり、インバウンド回復、国内交流拡大の3つの戦略に取り組むことが基本的方針として掲げられている。

以下では、これらの観光地域づくり全般の動向も踏まえ、本支援事業の評価や課題について考察する。

(2) 本支援事業による取組事例の評価

ⅰ）取組事例の特色

地域の特性に応じた、様々なテーマや内容による取組みがみられるが、特に、高速道路活用という本支援事業の特色を活かした成果としては、高速道路によるアクセス向上などを契機とし、広域ルート設定、各地域の事業者の連携による広域観光の取組みが、本支援事業の特徴として、今後の他地域での取組みにも参考となる。具体的には、例えば、北海道ガーデン街道では、道央自動車道・道東自動車道で（新千歳空港、札幌市等から）アクセスできる大雪〜富良野〜十勝を結ぶ全長約250ｋｍの街道沿いに点在する8つの庭園をつなぐルートを設定し、共通入場券等の企画による各事業者が連携した広域的な取組みを行っている。また、高速道路のインターチェンジ（スマートICを含む）開設などを契機とした取組みとして、地元のアニメ制作会社とコラボしアニメを媒介として二地域を連携した取組み（湯涌・南砺）や、地域の宿泊施設や道の駅等の休憩所と連携したサイクリストへのサービス向上の取組み（しまなみ）も見られ

る注1）。

　あわせて、高速道路の運営主体である高速道路会社とも連携し、高速道路周遊パスと観光施設をセットして料金割引となるドライブプランの企画、SA・PAによるイベント開催等の取組みも行われている。

　広域観光ではないものでも、地域の他の観光関係事業者等との連携した取組みも見られる。例えば、ホテルのレストランと連携した地域特産のお茶を用いた食の企画（和束）、地元料理店と連携した伝統料理である鯉を活かした企画（小城）等があげられる（これらも高速道路のインターチェンジ（スマートICを含む）開設によるアクセス向上などを契機とした取組みである）。

　加えて、観光のニーズや形の変化に合わせた、新たなテーマ（アニメ、サウナ等）による取組みも注目される。

ⅱ）地域に与えた影響、財源確保の取組み

　本書において着目する点である地域に与えた効果についてみると、広域での観光客の誘致や地域の連携が図られた事例（北海道ガーデン街道、湯涌南砺）、地域事業者の新たな結束が生まれた事例（湯涌南砺）、他の団体等の地域における取組みに波及した事例（小城）も見られる。加えて、物産割引券配布により来訪者の地元消費を喚起した事例（小城）や、インバウンド誘致の取組み（しまなみ）も参考となる。

　また自主財源など事業運営の財源確保に関してみると、ドライブプランと連動したグッズ販売やアニメ作品を活かした書籍の企画編集・販売（湯涌南砺）、旅行業・宿泊業等により収益をあげている事例（しまなみ）、共通入園券により財源を確保し、それにより共通パンフレットや共同プロモーションを行っている事例（北海道ガーデン街道）、指定管理を行うことで手数料に加え自主事業の展開により収益をあげている事例（湯涌南砺）等、多様な収益手段が講じられている点が参考となる。

(3) 本支援事業の課題及び今後期待される取組み

　本支援事業は、地域における高速道路等を活用した観光振興・地域活
性化の取組みを促進するため、先導的・モデル的な事業・プロジェクト
（の立ち上げ費用等）に支援を行うものであり、観光ニーズ等の変化に応
じ、今後とも、多様なテーマ・目的、実施メニュー、主体・地域など、様々
なタイプの先導的・モデル的事業が創出されることが望まれる。

　その観点からすると、広域・周遊ルート整備の更なる深化・展開や、
これまで実施されたテーマ等の取組みの更なる発展に加え、下記のよう
な取組みも今後期待される。

（ⅰ）テーマ等

　他の観光地域づくりの取組事例なども参考にすると[注2]、例えば、次の
ようなものが考えられる。

・エコツーリズム、アドベンチャーツーリズム、持続可能な観光（環境
　配慮、自然資源活用、オーバーツーリズム対策等）
・産業観光（工場、地場産業、産業遺産等）、ガストロノミーツーリズム、
　インフラツーリズム（公園、河川等との連携を含む）
・滞在型観光（地域全体での体験プログラム・アクティビティ提供等）
・その他（街・都市（街歩き、食べ歩き、都市景観等）、偉人遺産、健康
　長寿など）

（ⅱ）事業展開

　観光地域づくりの取組みを継続的に行うためには、自主財源の確保が
重要であり、そのためには、収益性のある事業の確立に取り組むことが
望まれる[注3)4)]。具体的には、商品開発・販売、ガイド事業・体験プログ
ラム造成（そのためのプロガイド養成）、施設公開・活用（例えば能舞台
の展示から能鑑賞(有料)実施へ）等）などが考えられる[注5]。入込客数

だけでなく、観光消費額を増やす必要もある^{注6)}。

また、「持続可能な観光」のためには、観光振興が地域経済への裨益（<ruby>裨益<rt>ひえき</rt></ruby>）につながること、観光で得られた利益が地域に還元されるような取組みが重要であり^{注7)}、具体的には、収益の地域づくりや受入環境整備への再投資や地域づくり団体への還元、Buy Local の取組み、地域（全体）ブランド確立等の取組みが考えられる。

(ⅲ) 実施主体

上記ⅱのような地域還元を効果的に行うためには、地域づくり・地域振興の包括的な組織が実施主体となり、地域づくり全般の中で観光に取り組み、地域全般に利益を還元することも有効であると考えられる。

また、観光の形が、名所見物型パッケージツアーに限らず、参加体験型観光、さらには、「そこに泊まりたい・そこで食事がしたい」というようなデスティネーションホテル・レストランなどを旅の目的とする観光の形にも広がっている状況を踏まえると、観光事業者・旅行関連施設事業者（体験観光事業者やホテル・レストラン事業者等）と連携した取組みも考えられる。

3　おわりに

以上、本稿では、本支援事業による取組みを概観することにより、今後の取組みのヒント・指針となるよう、本支援事業の取組事例から得られる実務的な事業の進め方などについて、本支援事業の取組事例の整理・分析を行った。

上述したように、本支援事業により一定の成果が見られるとともに、新たな取組みが行われている一方で、上述のような課題も見られるところであり、今後とも、本支援事業を推進することにより、地域における高速道路等を活用した観光振興・地域活性化の取組みを進めてまいりたい。

※本稿の内容は、筆者の見解であり、筆者の属する組織としての意見ではないことを申し添える。

〈注〉

1　安福・天野 (2020)29 頁では、広域観光の意義として、(単独の地域では十分な誘客が難しい場合にとる施策に加え)近年では、「たとえば、これまで観光者の移動があまりみられなかった地域同士を結ぶことにより、新たな観光需要を開拓したり、異なる魅力をもった地域同士が結びあうことにより、バラエティー豊かな観光メニューの提供を目指したり、さらには、類似の性格をもった観光地同士が連携する場合でも、よりテーマ性やストーリー性を強化する観光経験を提供することを目指すような「攻め」の連携のあり方も着目されている」とされており、そのような方向にあった取組みとなっているものと評価できる。なお同書 41 頁では、近年の広域観光の特色の一つとして、国の観光政策 (観光圏整備法、広域観光周遊ルート形成促進事業、広域連携 DMO 等) をインセンティブとする戦略的な広域連携の推進が挙げられているが、本支援事業は、それらに加えて、広域観光の取組みを促進するものと評価できるものと考えられる。

2　観光庁 (2018) では、特定のテーマに重点を置いた観光振興 (エコツーリズム、ガストロノミーツーリズム、酒蔵ツーリズム、ロケツーリズム、サイクルツーリズム、フットパスツーリズム、産業観光、インフラツーリズム、教育旅行、MICE 誘致の促進、域内交通との連携)、地域資源の活用 (農業の活用、文化・芸術の活用、遊休資産・古民家、歴史的まちづくりの整備と活用、道の駅の活用、公園の活用、かわまちづくり、砂浜海岸の活用、灯台の活用)、インフラの整備と活用 (環境・景観整備、ユニバーサルツーリズム、クルーズ振興、港の整備) の事例が挙げられている。

3　観光庁 (2022) によると、登録 DMO でみると、その収入の内訳は、国・自治体からの補助金・交付金・負担金 (56%)、自治体からの受託事業 (17%)、収益事業 (15%)、会費・寄付 (3%)、特定財源 (1%)、その他 (8%) とされ、収益事業の割合は低いとされている。

4　「観光地域づくり法人の登録制度に関するガイドライン」(観光庁長官、2015 年 11 月 18 日)においても、観光地域づくり法人 (DMO) が戦略策定等の活動を自律的・継続的に行うためには、安定的かつ多様な運営資金を確保することが重要であるとした上で、(DMO の目的・役割は、収益を上げることではなく、自治体による一定の財政支援 (補助金等) が必要となる場合が多いとしながらも)自主財源の確保に向け具体的に取り組むことが重要であるとし、

自主財源の例としては、特定財源（地方税（宿泊税、入湯税等）、負担金）、自治体からの受
　　託事業、収益事業（物販や滞在プログラム・旅行商品の造成・販売等）、会費をあげている。
5　事例としては観光庁 (2022) 参照
6　アトキンソン (2015)、藻谷・山田 (2016) 参照
7　敷田・内田・森重 (2009) 参照

〈参考文献等〉
観光庁 (2018)「観光地域づくり事例集 — グッドプラクティス 2018 —」
観光庁 (2022)「観光地域づくり法人 (DMO) における自主財源開発手法ガイドブック」
敷田麻実・内田純一・森重昌之 (2009)『観光の地域ブランディング—交流によるまちづくりのし
　　くみ』学芸出版社
デービッド・アトキンソン (2015)『新・観光立国論』東洋経済新報社
藻谷浩介・山田桂一郎 (2016)『観光立国の正体』新潮社
安福恵美子・天野景太 (2020)『都市・地域観光の新たな展開』古今書院

＜参考資料＞（いずれも最終閲覧 2024 年 4 月 8 日）
○観光立国懇談会報告書（2003）
　　https://dl.ndl.go.jp/view/prepareDownload?itemId=info%3Andljp%2Fpid%2F3531353&conte
　　ntNo=1
○観光立国推進基本計画（2023）
　　https://www.mlit.go.jp/kankocho/content/001597357.pdf
○観光庁長官（2015）「観光地域づくり法人の登録制度に関するガイドライン」
　　https://www.mlit.go.jp/kankocho/content/001340677.pdf
○観光庁（2018）「観光地域づくり事例集 — グッドプラクティス 2018 —」
　　https://www.mlit.go.jp/kankocho/jirei_shien/kankochiikizukuri.html
○観光庁（2022）「観光地域づくり法人 (DMO) における自主財源開発手法ガイドブック」〔事例
　　は第 5 章〕
　　https://www.mlit.go.jp/kankocho/topics04_000162.html
○本支援事業要領
　　https://www.kok.or.jp/project/pdf/app_req_2023.pdf

採択プラン一覧

	2006	
一般社団法人 長崎県観光連盟	【対象地域】長崎県全域 【テーマ・特色】歴史（巡礼） 【内容類型】広域・周遊	【プラン内容】教会との協働による巡礼地の選定、巡礼マップ作成等による「ながさき巡礼」創設のプラン
	【実施メニュー】ルート設定、巡礼マナーブック作成、ガイド育成、案内板設置、マップ作成、イベント、情報発信	
気仙沼商工会議所	【対象地域】岩手県（2）　宮城県（1） 【テーマ・特色】歴史　食（寿司） 【内容類型】広域・周遊	【プラン内容】食（寿司）と建物（酒造）と景観をつなぐ広域観光ルートによる「時を紡ぐ空間づくり」プラン
	【実施メニュー】ルート設定、イベント、情報発信	
株式会社信州 せいしゅん村	【対象地域】長野県（7） 【テーマ・特色】自然 【内容類型】広域・周遊	【プラン内容】信州のど真ん中・爽やかな高原地帯を巡り歩く広域観光ルート設定による「信州・桃源郷街道」プロジェクト
	【実施メニュー】ルート設定、広域観光マップ作成、ITC・SNSによる情報提供、農村体験、ウォーキング	

	2007	
日豊海岸ツーリズム パワーアップ協議会	【対象地域】大分県（3） 【テーマ・特色】文化 【内容類型】広域・周遊	【プラン内容】日豊海岸に残る「浦文化」を掘り起こし、面として繋ぐ「浦（URA）文化復興（ルネサンス）プロジェクト」
	【実施メニュー】協議会設置、周遊コース設定、ガイドブック作成、浦の伝道師育成、道路ネーミング募集、ロングステイのための空き家バンク事業	
会津まほろば街道 観光資源活用 トータルプラン 推進協議会	【対象地域】福島県（3） 【テーマ・特色】歴史（史跡） 【内容類型】広域・周遊	【プラン内容】会津の寺社仏閣、郷土料理などにふれる「会津まほろば街道」体験空間事業
	【実施メニュー】語り部、ガイド養成、散策モデルコース設定、グリーンツーリズム、レトロバス実証運行、情報発信	
公益社団法人 福井県観光連盟	【対象地域】福井県（6） 【テーマ・特色】歴史（街道） 【内容類型】広域・周遊	【プラン内容】街道沿線に残る「天下一」の観光資源の掘り起こしによる "ふくい やまぎわ歴史街道" の発掘
	【実施メニュー】広域連携協議会設置、講座開催、ボランティアガイド育成、ウォーキングコース整備、街道通行手形発行、マップ作成、ツアー造成、情報発信	
公益社団法人 島根県観光連盟	【対象地域】島根県（7） 【テーマ・特色】地域産業 【内容類型】広域・周遊（2地域）	【プラン内容】銀の国（石見銀山）・鐵の国（たたら製鉄）を結ぶ島根産業ジパング体験ルート創設
	【実施メニュー】観光・まちづくり・行政等の連携協議会設置、モデルルート設定、マップ作成、産業体験プログラム（たたら等）及びリーダー養成、ビジターセンター設置、古民家を活用した宿泊施設整備、情報発信	

2008		
南阿波観光振興協議会	【対象地域】徳島県全域 【テーマ・特色】文化 【内容類型】観光地づくり	【プラン内容】霊場と農村舞台群・阿波人形浄瑠璃等のネットワークによる「新たな道の文化」の創出プラン
	【実施メニュー】特産品（遊山箱弁当）開発、ニュー遍路コース設定、モニターツアー、エコツーリズム、グリーンツーリズム、インストラクター養成、農村舞台復活	
加賀温泉郷協議会	【対象地域】石川県（2） 【テーマ・特色】温泉 【内容類型】滞在型観光	【プラン内容】連泊滞在型観光を目指した「加賀四湯・ひなかプロジェクト」
	【実施メニュー】湯めぐり手形・湯めぐりグッズ作成、湯けむり体験ツアー（美容、工芸等）、街道愛称募集、写真コンテスト、ウォーキング、ご当地グルメ選定、キャラバン隊等キャンペーン	
工房街道推進協議会	【対象地域】奈良県（9） 【テーマ・特色】地域産業 【内容類型】広域・周遊	【プラン内容】奈良県東部の中山間地域に立地する工房のネットワーク化による「工房街道づくり」プラン
	【実施メニュー】イベント・ツアー・フェア実施、交流拠点づくり、街道ブランド品開発、食文化向上	
2009		
北海道ガーデン街道協議会	【対象地域】北海道（6） 【テーマ・特色】ガーデン 【内容類型】広域・周遊 滞在型観光	【プラン内容】観光庭園をネットワーク化したツーリズムヴェール（グリーンツーリズム）の構築による滞在型観光を促進する「北海道ガーデン街道」プラン
	【実施メニュー】周遊ルート設定、周遊チケット作成、モデルツアー実施、ロゴマーク・マップ作成、案内看板設置、ガイド養成、シンポジウム、イベント	
のしろ白神ネットワーク	【対象地域】秋田県（2） 【テーマ・特色】地域産業 【内容類型】広域・周遊	【プラン内容】地域の特産である木（白神山地ブナ林、秋田杉等）を活かした「のしろ白神の道づくり」プラン
	【実施メニュー】周遊ルート設定、手形発行、体験学習、グッズ開発・販売、情報提供	
2010		
若狭・中丹広域観光誘客協議会	【対象地域】福井県（6） 【テーマ・特色】祭り 【内容類型】広域・周遊	【プラン内容】舞鶴若狭自動車道開通を見据え、祭り・行事・イベントに着目した"素朴"さを活かした「ひと肌を感じる出会いづくり」プラン
	【実施メニュー】連携体制整備、祭り体験観光、ハレの文化のオリジナルグッズ開発、農林漁業体験プログラム	
特定非営利活動法人越後妻有里山協働機構	【対象地域】新潟県（2） 【テーマ・特色】芸術祭 里山 【内容類型】広域・周遊	【プラン内容】地域資源をアートと道でつなぐ「大地の芸術祭の里 里山アート街道」プロジェクト
	【実施メニュー】（アート作品活性化、コミュニティデザインプロジェクトのプラン策定、ブランディングコンセプト策定、ツールデザイン策定）	

出雲商工会	【対象地域】島根県（2） 【テーマ・特色】歴史（神話） 【内容類型】広域・周遊	【プラン内容】神話の聖地 スピリチュアル・スポットを巡る旅
	【実施メニュー】プロジェクト会議開催、周遊ルート設定、ガイドブック作成、写真・映像コンテスト開催、グルメ開発、プロモーション	

2011

児島商工会議所	【対象地域】岡山県倉敷市 【テーマ・特色】地域産業（せんい　ジーンズ） 【内容類型】広域・周遊	【プラン内容】児島を「白・藍・糸・紡、せんい児島」としてブランディングし、綿と藍のオーナー制度、アートフェスティバル、回遊ルートを企画するプラン
	【実施メニュー】オーナー制度、イベント、回遊ルート設定	
村上市観光協会	【対象地域】新潟県村上市 【テーマ・特色】歴史（生業） 【内容類型】観光地づくり	【プラン内容】昔ながらの生業（なりわい）の文化を物語として実感できるプログラムを整備し、プロモーションする「越後村上なりわい文化圏創造プロジェクト」
	【実施メニュー】コンテンツ（テキストブック）作成、モニターツアー、情報発信（パンフ・マップ、WEBサイト）、イベント	
和束町雇用促進協議会	【対象地域】京都府和束町 【テーマ・特色】茶文化　茶畑景観 【内容類型】観光地づくり	【プラン内容】体験プログラム、和束茶ブランド構築等による"茶畑景観""茶文化""の茶源郷づくりプラン
	【実施メニュー】体験プログラム、農家民泊、ガイド養成、商品開発	

2012

北陸・飛騨・信州 ３つ星街道 観光協議会	【対象地域】石川県（4） 【テーマ・特色】歴史（結） 【内容類型】広域・周遊	【プラン内容】金沢・五箇山・白川郷・高山の世界遺産やミシュラン３つ星観光地で培われた結に着目した「日本「結」街道」プラン
	【実施メニュー】風景街道ツアー開発、フォトコンテスト、さきら植樹、散策コース設定、味めぐりスタンプラリー、工芸体験、情報発信	
一般社団法人 みやぎ大崎観光公社	【対象地域】宮城県（4） 【テーマ・特色】歴史・自然等 【内容類型】広域・周遊　震災復興	【プラン内容】歴史・自然・産業・人・交流の地域資源をつなぎ、地域を再生する「東北のセンターライン・未来プロジェクト」
	【実施メニュー】観光4団体による推進協議会設置、モニター調査、特産品開発、モニターツアー、二次交通試験運行、イベント、情報発信	
備北観光 ネットワーク協議会	【対象地域】広島県（2） 【テーマ・特色】歴史 【内容類型】観光地づくり	【プラン内容】地域の観光資源や体験プログラムによる備北留楽（＝留学）プラン
	【実施メニュー】地域のおもしろ逸話冊子作製、ボランティアガイド養成、びほく通検定、留楽（体験）プラン提案のシステム構築、ガイドブック作成、情報発信	

特定非営利活動法人 シクロツーリズム しまなみ	【対象地域】愛媛県今治市 【テーマ・特色】サイクリング 【内容類型】広域・周遊	【プラン内容】しまなみ海道・とびしま街道・さざなみ街道をつなぐ周遊ルート設定、休憩・交流拠点整備による「瀬戸内まるごとサイクルツーリズム構想」
	【実施メニュー】ルート設定、マップ作成、ツアー等アクティビティ充実、休憩・交流拠点の充実、情報発信	

2013

一般社団法人 鉄の歴史村 地域文化研究所	【対象地域】島根県雲南市 【テーマ・特色】歴史・文化 【内容類型】広域・周遊	【プラン内容】歴史、文化の豊かな地域資源を生かした「ミュージアムトリップ」として「鉄の歴史村」から山陰と山陽を結ぶ中国地域の観光プラン
	【実施メニュー】広域ルート設定、展示イベント、モニターツアー、プロモーション	
特定非営利活動法人 東北みち会議	【対象地域】秋田県（3）、岩手県（2） 【テーマ・特色】震災復興 【内容類型】広域・周遊（道の駅連携）	【プラン内容】太平洋から日本海へつながる沿線の7つの道の駅（東日本大震災で全壊した道を含む）を、情報発信や周遊型観光等の拠点として整備する「秋田・岩手「道の駅」横軸交流プラン」
	【実施メニュー】PRイベント（特産品販売等）、復興支援市、周遊コース設定、道の駅クイズラリー実施	
特定非営利活動法人 浜名湖観光 地域づくり協議会	【対象地域】浜名湖周辺地域 【テーマ・特色】交通（舟運） 【内容類型】広域・周遊　拠点整備	【プラン内容】浜名湖SAを拠点とし、小型船舶発着の湖上アクセスポイントを設け、舘山寺温泉等への定期遊覧便の運航等の舟運事業を確立するプラン
	【実施メニュー】舟運計画作成、環境整備、レンタサイクル、情報発信	

2014

長野県中小企業 団体中央会	【対象地域】長野県全域 【テーマ・特色】農園・原風景 【内容類型】拠点整備	【プラン内容】地域コミュニティの場、旅人がくつろぐ場等としての農家レストランや農園、原風景を活かしながらの交流エリア構築を目指すプラン
	【実施メニュー】交流拠点（交流の駅）構築、交流会実施、イベント、PR活動、モニターツアー	
吉野大峯・高野 観光圏協議会	【対象地域】奈良県（5）、和歌山県（1） 【テーマ・特色】ー 【内容類型】商品開発、人材育成・教育	【プラン内容】自動車道開通を契機に、旅館、飲食店など観光関連事業者等の水準向上（商品開発講座開催、接遇研修など）、情報発信力を強化するプラン
	【実施メニュー】観光品質認証（星認定）、観光品質向上支援（接遇研修、商品開発講座等）、ウォーキングコース設定、ガイド養成、プロモーション	

特定非営利法人 やまなしサイクル プロジェクト	【対象地域】山梨県峡南地域 【テーマ・特色】交通（サイクリング） 【内容類型】拠点整備	【プラン内容】サイクリスト交流人口の拡大を通して、地域に元気を取り戻す「やまなしフルーツ街道 Enjoy ロードバイクプロジェクト」
	【実施メニュー】イベント、拠点形成（展示ブース設置）、レンタサイクル、情報発信（マスコットモニュメント設置等）、インバウンド誘致	
2015		
北十勝広域連携 観光推進協議会	【対象地域】北海道（3） 【テーマ・特色】文化（映画製作） 【内容類型】観光地づくり （ブランディング）	【プラン内容】北十勝の三町の魅力を紹介する短編映画を国内・海外に情報発信を行う十勝地域活性化のプラン
	【実施メニュー】映画（my little guidebook-ice）と連動したプロモーション：海外映画祭出品、多言語対応HP作成、ガイドブック、イベント、ツアー商品開発、グルメ商品開発、周遊券発行	
2016		
江名の町復興 推進協議会	【対象地域】福島県いわき市周辺地域 【テーマ・特色】バイクツーリング、 震災復興 【内容類型】観光地づくり	【プラン内容】遠洋漁業の衰退、東日本大震災により、漁港の機能が失われた「港町江名」を地元の「おばちゃま」とライダーのコラボにより再生する「超高速道路参勤交代ツーリング」プラン
	【実施メニュー】交流イベント、スタンプラリー、まちづくりワークショップ開催、おばちゃま食堂開催、ご当地メニュー開発	
西の鯖街道協議会	【対象地域】京都府（2）、福井県（2） 【テーマ・特色】ふるさと原風景 【内容類型】広域・周遊	【プラン内容】西の鯖街道エリアにおいて体験観光のブラッシュアップ、観光情報ツールの整備により「ふるさと原風景体験の街道」の実現を目指すプラン
	【実施メニュー】スマートフォン観光アプリ開発、モニターツアー、ドローン撮影による街道風景の情報発信	
2017		
多賀城・七ヶ浜 商工会	【対象地域】宮城県（2） 【テーマ・特色】マリンスポーツ 【内容類型】観光地づくり	【プラン内容】冬も雪が降らない天候に恵まれている特性を活かし、マリンスポーツを軸とした取組みにより、「うみの都七ヶ浜」の創造を目指すプラン
	【実施メニュー】パンフ作成、イベント、モニターツアー、TV出演等による情報発信	

にいがた庭園 街道ネットワーク	【対象地域】新潟県（8） 【テーマ・特色】（日本）庭園 伝統建築 【内容類型】広域・周遊	【プラン内容】国道290号沿線 に存在する新潟の豪農等が作り 上げた伝統建築、日本庭園と美 しい景観の温泉地を結び付けた 「にいがた庭園街道」確立を目 指すプラン
	【実施メニュー】ネットワーク設立（施設・旅館・観光協会）、モ ニターツアー、チラシ・ポスター・パンフ作成、ガイド養成、講 座開催、ツアー受入、イベント、視察・研修会	
笠岡商工会議所	【対象地域】広島県（2）、岡山 県（5） 【テーマ・特色】食（麺） 【内容類型】広域・周遊	【プラン内容】備中・備後地域 に在する麺文化と、尾道、鞆 の浦、倉敷美観地区、備中松山 城等との連携を図り、「備中備 後麺の道」の形成をめざすプラ ン
	【実施メニュー】WEBサイト作成、スタンプラリー、観光冊子作成、 チラシ作成、イベント（イートインカーイベント）、TV出演等に よる情報発信	

2018

あぶくまロマンチック 街道構想推進協議 会	【対象地域】福島県（5） 【テーマ・特色】街道、星空、 郷土料理 【内容類型】広域・周遊	【プラン内容】国道399号（通 称あぶくまロマンチック街道） を観光の軸として、星空、自然、 郷土料理を活かした交流人口拡 大、伝統料理継承等を目指すプ ラン
	【実施メニュー】体験ツアー（収穫、流しそうめん、星空観察等）、 郷土料理お披露目会、オンラインツアー、郷土料理冊子作成、情 報発信	
公益社団法人 やまなし 観光推進機構	【対象地域】山梨県全域 【テーマ・特色】温泉 【内容類型】広域・周遊	【プラン内容】県内に点在する 温泉地をネットワーク化し、高 速道路利用により、手軽に銭湯 感覚で温泉に親しんでももらう 「やまなし温泉銭湯化プロジェ クト」
	【実施メニュー】「やまなし立ち寄り百名湯手帳」作成（25,500部）、 WEBサイト作成、スタンプラリー、SA・PAでのキャンペーンイ ベント	
特定非営利活動法人 シクロツーリズム しまなみ	【対象地域】広島県呉市～愛媛 県松山市、香川県観音寺市（し まなみ海道等の周辺地域） 【テーマ・特色】サイクリング インバウンド観光 【内容類型】広域・周遊、情報 発信、ブランド強化	【プラン内容】個人旅行・イン バウンド観光の促進を目指し、 しまなみ海道沿線の休憩施設、 宿泊施設等との連携強化による サイクリストへのサービス向上 等を通じた自転車の聖地のブラ ンディング強化を目指すプラン
	【実施メニュー】休憩施設、宿泊施設等との連携（旅行商品販売 等）、英語マップ作成、サイクルクルージングブランド化（モニター ツアー、※サイクルシップ就航（事業者））、接遇マニュアル作成、 自転車タクシー商品化、エコツアー	

2019

一般社団法人 小城市観光協会	【対象地域】佐賀県小城市周辺地域 【テーマ・特色】食（鯉料理） 【内容類型】拠点整備 郷土料理ブランド化	【プラン内容】小城スマートIC開設によるアクセス向上を活かし、景勝地「清水の滝」周辺の集客事業及び「清水鯉料理」のブランド化などを展開するプラン
	【実施メニュー】集客スペース整備（風鈴トンネル、テントサウナ、ライトアップ等）、鯉料理ブランド化（ロゴマーク作成、観光看板設置）、PAでのイベント、インスタコンテスト、情報発信	
のせでん アートライン 妙見の森実行委員会	【対象地域】兵庫県（2）、大阪府（2） 【テーマ・特色】アート・芸術祭り、鉄道 【内容類型】イベント開催	【プラン内容】沿線自治体の芸術祭り等を基礎に、高速道路と鉄道の連携を図りながら里山地域観光促進をする「のせでんアートライン地域ブランディング事業」
	【実施メニュー】地域ブランディング会議実施、WEBサイト作成、地域プロジェクト掘り起こし、リユース什器オークション実施（沿線店舗オープン促進）	
岩手山サービスエリア 周辺観光振興協議会	【対象地域】岩手県八幡平市周辺地域 【テーマ・特色】アグリツーリズム 【内容類型】広域・周遊	【プラン内容】新たな広域周遊観光創造による「アグリツーリズモ八幡平」を目指すプラン
	【実施メニュー】協議会設置、周遊コース作成、モニターバスツアー、旅行会社ツアー誘致、イベント、事業者向けセミナー	

2020

十勝サウナ協議会	【対象地域】北海道（3） 【テーマ・特色】サウナ・健康増進 【内容類型】観光地ブランディング	【プラン内容】サウナを活用したニューヘルスツーリズムによる通期での観光客の増加を目指す「十勝サ国プロジェクト」
	【実施メニュー】体験プログラム、サウナめし・丼開発、サウナパスポート販売、インフルエンサー招聘、先進地域調査	
一般社団法人 地域発新力 研究支援センター	【対象地域】富山県南砺市、石川県金沢市 【テーマ・特色】アニメ 【内容類型】広域・周遊	【プラン内容】高速道路ネットワークを活用し、アニメ作品とのコラボ等によって、南砺・湯涌「物語が生まれる里」広域観光エリアの形成を目指すプラン
	【実施メニュー】マップ作成、速旅ドライブプランとの連携、アニメ関連土産グッズ作成、体験プログラム開発	
信州シルクロード 連携協議会	【対象地域】長野県（13） 【テーマ・特色】蚕糸文化 【内容類型】広域・周遊、インバウンド	【プラン内容】蚕糸文化を持つ地域の連携を進めながら「絹」と他の観光資源の相乗効果により「信州シルク回廊」の形成を目指すプラン
	【実施メニュー】広域周遊型商品造成、マップ作成、スタンプラリー、教育旅行商品造成、インバウンド誘客促進（ユーチューバー・海外旅行会社招聘）、情報発信	

	2021	
一般財団法人 3.11 伝承ロード 推進機構	【対象地域】宮城県（3）、岩手県（5）、青森県（1） 【テーマ・特色】災害伝承、震災復興 【内容類型】広域・周遊	【プラン内容】三陸沿岸道路全線開通を契機に、地域観光資源と震災伝承施設を融合させた周遊モデル開発を目指す「3.11 伝承ロード New Destination プラン」
	【実施メニュー】周遊ルート設定、モニターツアー、情報発信	
一般社団法人 ちの観光まちづくり 推進機構	【対象地域】長野県（茅野市等）、山梨県（甲州市等） 【テーマ・特色】農山村・くらし、日本遺産 【内容類型】広域・周遊	【プラン内容】中央・長野・上信越自動車道が形成する回廊上に存在する4つの日本遺産を繋ぎ、日本の農山村・くらしの原点を学ぶ旅「信州4大日本遺産めぐり」創出を目指すプラン
	【実施メニュー】周遊型商品造成、マップ作成、スタンプラリー、クーポン発行、ガイド養成	
特定非営利活動法人 黒島観光協会	【対象地域】長崎（3） 【テーマ・特色】歴史（鎮守府）、日本遺産、世界遺産 【内容類型】広域・周遊	【プラン内容】佐世保鎮守府を中心に歴史、日本遺産、世界遺産の情報発信により、広域周遊型のフィールドミュージアムの形成を目指すプラン
	【実施メニュー】広域周遊型商品造成、オンラインツアー、マップ作成、スタンプラリー、体験観光プログラム、鎮守府写真展、情報発信	
	2022	
一般社団法人 東松山市観光協会	【対象地域】埼玉県（4） 【テーマ・特色】遊学、ちかいなか 【内容類型】広域・周遊	【プラン内容】宇宙地球・里山・歴史・レジャーを楽しく学び体験できる"地域まるごと博物館"をめざす首都圏中央「遊学＋ミュージアム東松山・比企」創生事業
	【実施メニュー】広域ルート設定、デジタルスタンプラリー、ガイド養成、マイクロツーリズム・グリーンツーリズムツアー造成、情報発信	
一般社団法人 長野県観光機構	【対象地域】長野県全域 【テーマ・特色】（システム整備） 【内容類型】広域・周遊	【プラン内容】速旅で巡る信州アクティビティロード周遊プラン造成事業
	【実施メニュー】速旅の区域拡大・商品ラインナップ強化、クーポンのデジタル化	
一般社団法人 大和飛鳥 ニューツーリズム	【対象地域】奈良県（7） 【テーマ・特色】歴史、教育旅行 【内容類型】教育旅行	【プラン内容】大和飛鳥（明日香）の歴史・景観を保存・活用した「民家ステイ」による教育旅行誘致プロジェクト
	【実施メニュー】教育旅行・研修旅行プログラムの充実、プログラム担い手のインストラクター・ファシリテーターの育成、誘致活動、情報発信	

（備考）
　2006 ～ 2012 は観光資源活用トータルプラン（財団法人高速道路交流推進財団）、
　2013 以降は高速道路利用・観光・地域連携推進プラン（一般財団法人国土計画協会）
※1　団体名は、現在の名称。　※2　基本的に当初プランの内容
※3　対象地域の括弧内は構成市区町村数　※4　内容類型はメインの類型を記している

道がむすぶ観光地域づくりの教科書
―高速道路等を活用した観光振興・地域活性化―

2024 年 6 月 5 日　初版第一刷発行

編　著：一　般　国土計画協会
　　　　財団法人

著　者：奥野 信宏、進士 五十八、杉山 雅洋、水尾 衣里、清水 哲夫、波潟 郁代、
　　　　木村 宣、山本 優子、東日本高速道路株式会社

発　行：一般財団法人 国土計画協会
　　　　〒102-0082　東京都千代田区一番町 13 番地 3 号　ラウンドクロス一番町 2F
　　　　TEL　03-3511-2180
　　　　URL　https://www.kok.or.jp/

発　売：一般社団法人地域発新力研究支援センター
　　　　〒939-1835　富山県南砺市立野原東 1514-18
　　　　南砺市クリエイタープラザ B-1

編　集：佐古田 宗幸（parubooks）
取材・ライティング：佐藤 実紀代（80 ～ 92P、142 ～ 154P）、小島 杏子（94 ～ 108P）、
　　　　　　　　　　小澤 和歌子（110 ～ 126P）、中村 香織（128 ～ 140P）、鈴木 千絵（156 ～ 170P）
装丁・DTP：佐藤 実紀代、羽生 昌昭（HOSHIDO）
印刷・製本：株式会社シナノパブリッシングプレス

ISBN　978-4-909824-11-0　C0065
Printed in Japan
乱丁・落丁本はお取り替えいたします。